Enjeux de la diplomatie contemporaine (II): Diplomatie et droits de l'homme

Jeter des ponts dans un monde en mutation

Hichem Karoui, préface du Dr Abdulaziz Al-Hurr

Global East-West avec l'institut diplomatique du Qatar

Copyright © 2025 par Hichem Karoui

Série : Enjeux de diplomatie contemporaine

I. L'art de la diplomatie : son évolution et ses formes modernes.

II. Diplomatie et droits de l'homme : jeter des ponts dans un monde en mutation.

III. La diplomatie parallèle : voies informelles vers la paix.

Collection : Diplomatie

Global East-West (Londres).

Tous droits réservés.

Aucune partie de cet ouvrage ne peut être reproduite sous quelque forme que ce soit sans l'autorisation écrite de l'éditeur ou de l'auteur, sauf dans les cas autorisés par la loi sur le droit d'auteur.

Table

Remerciements	1
Avant-propos Par Son Excellence l'ambassadeur Abdulaziz bin Mohammed Al-Hurr	5
1. Introduction Diplomatie et droits de l'homme dans le nouvel ordre mondial	13
2. Histoire de la diplomatie De l'Antiquité à l'ère moderne	27
Références	37
3. Origines et évolution des droits de l'homme Dans la communauté internationale	43
Références	57
4. La relation entre la diplomatie et les droits de l'homme Interactions et défis	63
Références	79

5. La diplomatie comme outil de défense des droits de l'homme	85
Références	99
6. Organisations internationales et l'élaboration des normes en matière de droits humains	103
Références	117
7. Défis actuels auxquels sont confrontés les diplomates des droits de l'homme	123
Références	137
8. Souveraineté nationale contre droits humains Un équilibre impossible?	141
Références	155
9. Économie des droits de l'homme L'impact mutuel de l'économie et des droits	161
Références	177
10. Efficacité diplomatique Stratégies pour promouvoir les droits de l'homme	183
Références	197
11. Technologie et droits humains Opportunités futures pour faire progresser les droits	203
Références	217
12. Conclusion Vers une diplomatie fondée sur la prise de conscience et la responsabilité	223

Remerciements

Je suis profondément reconnaissant envers les nombreuses personnes et institutions dont le soutien, les encouragements et l'expertise ont rendu possible cette recherche. La publication d'« Enjeux de diplomatie contemporaine » ne représente pas juste un exercice académique, mais un effort collaboratif qui a bénéficié de manière inestimable de la générosité et de la vision de ceux qui ont cru en son importance.

Tout d'abord, je tiens à exprimer ma profonde gratitude à Son Excellence l'ambassadeur Abdulaziz bin Mohammed Al-Hurr, directeur de l'Institut diplomatique du ministère des Affaires étrangères du Qatar. Son soutien immédiat et indéfectible lorsque j'ai proposé ce projet pour la première fois a été à la fois inspirant et déterminant. Sans ses encouragements à mener à bien ce travail et son engagement à le voir aboutir à sa publication, cette entreprise n'aurait pas vu le jour. Son leadership et son dévouement à la promotion des études diplomatiques illustrent les normes les plus élevées du mécénat intellectuel.

Je suis également redevable à l'appareil présidentiel du ministère des Affaires étrangères du Qatar d'avoir gracieusement approuvé la réalisation de ce travail dans le cadre des projets de recherche de l'Institut diplomatique. Ce soutien institutionnel a été inestimable, car il a fourni autant le cadre que la crédibilité nécessaires à un projet de cette envergure et de cette ambition.

Je tiens à exprimer ma sincère gratitude au Dr Nawzad Abdurrahman Al Hiti, dont l'aide précieuse pour faciliter la communication et l'échange d'informations tout au long de la production de cet ouvrage a été déterminante pour son achèvement. Ses connaissances savantes et son soutien pratique ont considérablement enrichi ce travail.

Je tiens également à remercier le personnel dévoué de l'Institut diplomatique et du ministère des Affaires étrangères qui a participé à la réalisation de cet ouvrage. Leur professionnalisme, leur souci du détail et leur engagement envers l'excellence ont permis à cette publication de répondre aux normes les plus élevées qui conviennent à une institution aussi importante.

La publication simultanée de cet ouvrage en arabe, en anglais et en français reflète la pertinence universelle des études diplomatiques et la volonté de rendre cette recherche accessible aux universitaires et aux praticiens au-delà des frontières linguistiques et culturelles. Cette réalisation n'aurait pas été possible sans les efforts collectifs de toutes les personnes mentionnées ci-dessus.

Enfin, je reconnais que si ce premier volume marque le début de ce qui, je l'espère, sera une contribution significative à la recherche diplomatique contemporaine, il représente l'aboutissement d'innombrables heures de soutien, de conseils et d'encouragements de la part de la communauté diplomatique qatarienne. J'espère sincèrement que cet ouvrage permettra de mieux comprendre les défis et les opportunités complexes auxquels est confrontée la diplomatie dans le monde moderne.

      Hichem Karoui

Avant-propos

Par Son Excellence l'ambassadeur Abdulaziz bin Mohammed Al-Hurr

Cette trilogie contient trois études approfondies, toutes liées à la diplomatie. Depuis sa création, l'Institut diplomatique publie des recherches, des études, des rapports et diverses publications qui contribuent à ses programmes de formation et soutiennent sa mission principale, qui consiste à préparer, qualifier et former les employés du ministère des Affaires étrangères à travailler dans le corps diplomatique et consulaire et dans le domaine de la coopération internationale. Nous disposons d'un département spécial au sein de l'Institut qui prépare des études et des recherches en collaboration avec nos experts et nos universitaires. Notre objectif est de faire en sorte que les stagiaires et les étudiants de troisième cycle en diplomatie et en relations internationales trouvent, dans les publications et la bibliothèque de l'Institut diplomatique, ce dont ils ont besoin pour étudier et comprendre avant de rejoindre leur poste et dans l'exercice de leurs fonctions, chaque fois qu'ils en ont besoin.

Au sein de cet institut, nous cherchons à créer une bibliothèque spécialisée qui se concentre sur les sujets couverts par nos programmes de formation et d'études. Dans ce contexte, nous travaillerons, si Dieu le veut, en coopération avec des experts dans ce domaine, afin de publier davantage de livres et de publications présentant une valeur intellectuelle et un intérêt pour nos activités, afin qu'ils puissent bénéficier aux employés du ministère des Affaires étrangères et à ceux qui sont invités à participer à nos cours de formation dans le cadre de divers programmes, allant des « Fondements » aux « Capacités », en passant par le programme « Master exécutif » destiné aux diplomates émérites.

Cet ouvrage vient s'ajouter à une série de publications de

grande valeur dans le même domaine. Il est divisé en trois volumes, comme suit :

I. L'art de la diplomatie : son évolution et ses formes modernes.

II. Diplomatie et droits de l'homme : jeter des ponts dans un monde en mutation.

III. La diplomatie parallèle : voies informelles vers la paix.

Le premier volume examine l'évolution de la diplomatie à travers l'histoire. Il passe en revue les racines historiques de la diplomatie, retraçant son évolution depuis les civilisations anciennes jusqu'au Moyen Âge, la Renaissance européenne et l'ère de l'expansion et des empires qui a suivi la grande révolution industrielle, ainsi que les transformations, les conflits et les guerres du XXe siècle qui ont influencé et façonné la diplomatie pour lui donner sa forme actuelle. Ce volume explore également les cadres historiques, les concepts et les protocoles spécifiques à chaque époque et à chaque forme de diplomatie, notamment la diplomatie traditionnelle, la diplomatie publique, la diplomatie économique, la diplomatie culturelle, la diplomatie numérique, la diplomatie environnementale, la diplomatie multilatérale et les nouveaux acteurs dans le domaine diplomatique, tels que les organisations non gouvernementales et les multinationales, entre autres sujets connexes. Il s'agit d'une introduction complète au sujet.

Le deuxième volume analyse la relation entre la diplomatie et les droits de l'homme dans le monde moderne, examine l'évolution de la diplomatie et la compréhension des droits de l'homme à travers l'histoire, et aborde les interactions entre ces deux domaines et les défis auxquels ils sont confrontés. Il détaille également le rôle des organisations internationales et analyse la relation entre la souveraineté nationale et les droits de l'homme. De même, il aborde l'économie et la technologie en relation avec les droits de l'homme, ainsi que d'autres questions d'une grande importance dont les diplomates doivent être conscients.

Le troisième et dernier volume de cette trilogie est consacré à l'examen d'une forme de travail diplomatique peu connue du grand public, peut-être parce qu'elle est difficile à suivre pour les médias. Elle évite essentiellement les feux de la rampe, préférant travailler dans l'ombre, considérant cela comme l'une des conditions de la réussite de ses missions. Il s'agit bien sûr de la diplomatie de la deuxième voie. Ce dernier volume fournit une analyse complète et détaillée du développement de ce type de diplomatie, en la comparant à la diplomatie de première voie et en soulignant les différences, les avantages, les rôles et les mécanismes d'action. Il retrace l'évolution de la diplomatie de la deuxième voie depuis l'ère classique jusqu'à l'ère numérique, en soulignant les distinctions et les synergies entre les deux voies et en fournissant des modèles, des exemples et des analyses de stratégies, de méthodologies et de contextes politiques et sociaux. Il passe également en revue les éléments qui contribuent dans une plus ou moins grande mesure à la distinction et au succès de la diplomatie de la deuxième voie lorsque la diplomatie de la première voie échoue, à travers des études de cas et des enseignements tirés.

L'analyse se termine par des recommandations pour aborder les questions mondiales contemporaines.

Comme le montre ce bref aperçu, la trilogie que nous vous présentons aujourd'hui aborde des sujets qui font encore l'objet de discussions partout dans le domaine de la diplomatie. Elle commence par une définition de la diplomatie et de son évolution historique, consacrant un volume entier à ce sujet. La connaissance de cet aspect est essentielle pour toute personne qui aspire à travailler au ministère des Affaires étrangères et à gravir les échelons diplomatiques. Tout diplomate doit au moins connaître l'histoire de sa profession, ses formes et ses évolutions.

Consacrer un autre volume à l'étude des relations entre la diplomatie et les droits de l'homme se justifie, d'autant plus qu'au Qatar, nous considérons cette question comme fondamentale pour notre politique étrangère. L'exemple le plus marquant que nous pouvons citer à cet égard est peut-être la question palestinienne, qui est actuellement le problème le plus urgent en matière de droits de l'homme. C'est une question qui est toujours présente dans la diplomatie officielle et populaire du Qatar, ainsi que dans sa diplomatie de deuxième voie, qui sera abordée dans le troisième volume de cet ouvrage.

À chaque session annuelle de l'Assemblée générale des Nations unies, Son Altesse Cheikh Tamim bin Hamad Al Thani, que Dieu le protège, se tient devant les représentants des nations et des peuples du monde sur le podium de l'ONU pour leur rappeler l'injustice infligée au peuple palestinien depuis la première moitié du siècle dernier, appelant à la restauration des droits de leurs propriétaires légitimes, à la fin du massacre d'innocents et du déplacement de millions de personnes de leurs terres ancestrales, et rejetant l'argument selon lequel « Israël a le droit de se défendre ».

L'importance de cette question fondamentale des droits de l'homme est évidente. En effet, Son Altesse l'Émir a consacré la moitié de son discours à la 79ᵉ session de l'Assemblée générale à la défendre et à discuter du rôle du Qatar dans la médiation d'un cessez-le-feu et la reprise des négociations pour une solution juste à la question palestinienne.

À titre de rappel, Son Altesse a notamment déclaré :
« Ce que le peuple palestinien subit actuellement dans la bande de Gaza constitue l'agression la plus barbare et la plus effroyable qui soit, ainsi que la violation la plus flagrante des valeurs humaines et des conventions et normes internationales. Il ne s'agit pas d'une guerre au sens où on l'entend et où on l'utilise couramment dans les relations internationales, mais plutôt d'un crime de génocide perpétré à l'aide d'armes de pointe contre un peuple emprisonné dans un camp, sans aucun moyen d'échapper aux bombardements aériens. Les résolutions, les condamnations et les rapports ont été épuisés, et il ne reste plus que ce crime flagrant, prémédité et sans retenue, dont les victimes sont des enfants, des femmes et des personnes âgées. »

Pour souligner que le problème semble être que les grandes puissances mondiales ne se préoccupent pas des droits humains des Palestiniens qu'Israël viole quotidiennement, malgré les dispositions des règlements, résolutions et recommandations de l'ONU, et même les constitutions et les lois de ces nations elles-mêmes, Son Altesse Cheikh Tamim, que Dieu le protège, a déclaré dans le même discours :

« Chaque année, je me tiens à cette tribune et je commence mon discours en évoquant la question palestinienne, l'absence de justice, les dangers de croire qu'elle peut être ignorée et les illusions d'une paix sans solution juste. Je l'ai fait chaque année à un moment où la question palestinienne était absente des discours des représentants des grandes puissances de notre monde (...) »

Son Altesse a ajouté : « L'agression israélienne qui dure depuis près d'un an n'est rien d'autre que le résultat d'un manque de volonté politique sincère, de l'inaction délibérée de la communauté internationale pour résoudre équitablement la question palestinienne et de l'insistance des autorités d'occupation israéliennes à imposer par la force un fait accompli aux Palestiniens et au monde entier. La guerre brutale qui se poursuit a porté un coup fatal à la légitimité internationale et a gravement nui à la crédibilité des concepts sur lesquels la communauté internationale a été fondée après la Seconde Guerre mondiale. »

Existe-t-il une déclaration plus éloquente que celle de Son Altesse, que Dieu le protège, qui place la question des droits de l'homme des Palestiniens au premier plan de la diplomatie qatarienne ?

Dans le troisième volume de cet ouvrage, nous trouvons un aperçu de la diplomatie parallèle, que toute personne aspirant à réussir dans des missions diplomatiques doit bien comprendre, d'autant plus que le Qatar possède désormais une expérience considérable dans la médiation pour la paix et la négociation de questions complexes entre des parties qui ont du mal à se rencontrer directement à la table des négociations. Cela fait de la diplomatie parallèle le seul moyen de résoudre toute question qui se trouve dans une impasse. Cela s'applique à divers cas dans lesquels le Qatar a contribué au succès de négociations loin des projecteurs.

Sans plus attendre, nous espérons que cet ouvrage sera utile, en premier lieu, au personnel du ministère des Affaires étrangères et aux stagiaires de l'Institut diplomatique, ainsi qu'aux étudiants de troisième cycle en diplomatie et relations internationales.

{ Et dis: «Oeuvrez, car Allah va voir votre œuvre, de même que Son messager et les croyants. } [At-Tawba: 105]

Ambassadeur Dr Abdulaziz Mohammed Al-Hurr,
Directeur de l'Institut diplomatique (ministère des Affaires étrangères), Qatar.

1
Introduction
Diplomatie et droits de l'homme dans le nouvel ordre mondial

Définition de la diplomatie et des droits de l'homme

Les concepts de diplomatie et de droits de l'homme constituent un élément essentiel des relations internationales, celles-ci étant un ensemble de politiques et de techniques utilisées pour interagir avec d'autres systèmes politiques afin de servir les intérêts nationaux. Par ailleurs, les droits de l'homme concernent la protection et la garantie des droits fondamentaux et des libertés individuelles sans discrimination. Ces deux vastes domaines interagissent de manière simultanée et interdépendante dans le contexte des développements mondiaux. Dans le contexte des développements mondiaux récents, apparemment, la diplomatie a répondu aux nouveaux défis posés par le développement rapide de la mondialisation et de la technologie. Dans ce contexte, il est nécessaire d'examiner comment cette évolution affecte la diplomatie et les droits de l'homme dans les communautés internationales.

La nature des relations entre les États et les communautés internationales a changé avec l'évolution de la politique internationale et des pouvoirs mondiaux. La question est maintenant de savoir comment la pratique de la diplomatie peut promouvoir les droits de l'homme dans ce contexte complexe. Il est donc important de bien comprendre l'influence interactive de la diplomatie sur les droits de l'homme dans le nouvel ordre mondial afin d'évaluer comment elle peut servir d'outil pour promouvoir ces droits. Cette question restera notre principale préoccupation tout au long des chapitres de cet ouvrage pour comprendre la profondeur de la relation entre la diplomatie et les droits de l'homme et comment cette relation affecte la pratique internationale.

Le développement mondial et son impact sur la diplomatie

Le développement mondial est l'un des facteurs les plus influents dans le domaine de la diplomatie. Ainsi, les relations internationales ont subi des transformations radicales à la suite des évolutions politiques, économiques et sociales au niveau mondial. Cela est évident dans la nature des relations internationales modernes et dans la manière dont la diplomatie interagit avec ces transformations. Les progrès de la mondialisation et de la technologie, ainsi que les changements dans le système international, ont rendu l'engagement diplomatique plus complexe et plus difficile.

Le nouveau système international est confronté à des conflits et à des défis croissants qui nécessitent des stratégies diplomatiques différentes de celles qui étaient habituelles dans le passé. Cette évolution a entraîné des changements dans les priorités diplomatiques et dans la forme de la coopération entre les États. En outre, les changements économiques mondiaux et l'intérêt croissant pour le développement durable ont ajouté une nouvelle dimension à la dynamique actuelle de la diplomatie. Il est important de comprendre l'impact de ces changements sur le rôle de la diplomatie et sur ceux qui cherchent à assurer la stabilité mondiale et les droits de l'homme. Le développement mondial continu nécessite des recherches et une compréhension approfondie de ses causes et de ses effets. Au travers de celles-ci, il est possible de garantir que la diplomatie réponde efficacement aux défis contemporains et formule des politiques qui renforcent son rôle dans la réalisation de la stabilité et de la paix mondiales.

La place des droits de l'homme dans la politique internationale moderne

Dans le monde actuel, les droits de l'homme constituent un élément essentiel de la politique internationale. Le respect et la promotion des droits de l'homme sont considérés comme indispensables à la stabilité des systèmes et des relations internationales. La politique internationale moderne reflète un engagement en faveur de la promotion des droits fondamentaux des individus, tant à l'intérieur des frontières nationales qu'au-delà.

Les organisations de défense des droits de l'homme et les traités internationaux relatifs aux droits de l'homme constituent des bases essentielles pour élaborer la politique internationale et l'orientation des relations internationales. Cette importance accordée aux droits de l'homme est évidente dans de nombreux accords internationaux, tels que la Déclaration universelle des droits de l'homme et la Convention des Nations unies contre la torture, entre autres. L'engagement en faveur des droits de l'homme constitue le fondement de l'établissement de relations internationales établies sur le respect mutuel et la justice.

Ainsi, la place des droits de l'homme dans la politique internationale moderne reflète une tendance à reconnaître l'importance des droits de l'homme comme question mondiale qui transcende les frontières nationales et influence les interactions internationales de diverses manières. Avec les progrès continus des technologies de communication et la diffusion généralisée de l'information, ces politiques internationales en matière de droits de l'homme deviennent de plus en plus influentes et importantes pour la construction d'un monde plus équitable et plus pacifique.

La diplomatie face aux nouveaux défis mondiaux

Sur la scène internationale, la diplomatie joue un rôle crucial dans la promotion des intérêts nationaux et le renforcement des relations entre les États. À mesure que le monde évolue et que de nouveaux défis apparaissent, le rôle des diplomates est devenu plus complexe et plus difficile. Le monde d'aujourd'hui est confronté à de multiples défis, notamment le changement climatique, les crises humanitaires, les conflits internationaux, les migrations et la propagation de maladies infectieuses, comme c'est le cas avec la pandémie de COVID-19. Tous ces défis exigent des réponses diplomatiques efficaces et diversifiées. Les questions relatives aux droits de l'homme occupent une place centrale dans ce contexte, car leur traitement nécessite des efforts conjoints et une compréhension internationale.

Les outils diplomatiques qui peuvent être utilisés pour relever ces défis sont variés, allant des discussions bilatérales entre États aux activités de diplomatie publique et à la promotion d'alliances internationales. Cette situation exige une harmonie entre la politique étrangère et les efforts diplomatiques afin de garantir la réalisation des intérêts des États tout en promouvant les droits de l'homme. Les institutions internationales jouent un rôle crucial dans ce contexte, en facilitant la coopération internationale et en établissant des normes internationales en matière de droits de l'homme.

Nous devons créer de nouvelles visions et adopter des politiques diplomatiques sophistiquées qui soient en phase avec la nouvelle réalité et élaborer des solutions innovantes pour relever les défis de notre époque. Une telle entreprise nécessite d'activer la coopération entre les États et de renforcer leur capacité à s'adapter aux changements mondiaux. Malgré la complexité de ces circonstances, la diplomatie contemporaine peut faciliter l'équilibre et la médiation, favorisant ainsi le développement et garantissant la paix internationale. Ainsi, le rôle de la diplomatie face aux nouveaux défis mondiaux apparaît comme un outil essentiel pour parvenir à un développement durable et promouvoir les droits de l'homme.

Outils diplomatiques pour la promotion des droits de l'homme

La diplomatie est l'un des principaux outils de promotion et de protection des droits de l'homme au sein de la communauté internationale. Afin de réaliser des progrès tangibles dans le domaine des droits de l'homme, ces outils englobent diverses mesures et politiques. Parmi les outils diplomatiques les plus importants susceptibles d'être utilisés figurent la négociation et la médiation, où les professionnels du corps diplomatique peuvent recourir à leurs compétences pour parvenir à des accords internationaux visant à protéger et à garantir le respect des droits de l'homme.

En outre, la diplomatie peut être utilisée comme moyen de surveiller et d'évaluer le respect des droits de l'homme dans les pays et de faire pression sur les gouvernements pour qu'ils prennent les mesures nécessaires afin d'améliorer la situation. La diplomatie culturelle et les échanges culturels peuvent également contribuer à sensibiliser les sociétés aux questions relatives aux droits de l'homme et à promouvoir les valeurs humaines.

Exemples d'interaction entre la diplomatie et les droits de l'homme

Nous pouvons observer de nombreux exemples et interactions qui mettent en évidence le rôle de la diplomatie dans la préservation et la promotion des droits de l'homme au niveau international. L'accord de Paris de 2015 sur le changement climatique est un exemple notable des efforts diplomatiques internationaux visant à garantir les droits de l'homme, les États signataires ayant cherché à limiter les effets du changement climatique sur l'environnement et, par conséquent, sur la vie humaine et le droit de vivre dans ce cadre. Comme le montrent les négociations et les efforts diplomatiques déployés lors de ce processus, les intérêts diplomatiques ont joué un rôle important dans la recherche d'un consensus international sur cette question. Nous pouvons pareillement le constater dans la manière dont le monde a réagi à la pandémie de coronavirus.

La diplomatie sanitaire a facilité la collaboration entre les pays pour lutter contre le virus et faire face à ses effets humanitaires. Nous avons été témoins d'échanges d'expertise et de coopération entre les pays dans le domaine de la recherche médicale et de la distribution de vaccins et de ressources médicales. Cela démontre l'importance de l'impact de la diplomatie sur la réalisation des droits de l'homme, en particulier dans le contexte des urgences sanitaires.

Lorsque nous examinons les modèles locaux, nous constatons également qu'ils sont tangibles, comme l'illustre la diplomatie agricole qui joue un rôle dans la défense des droits des agriculteurs et des travailleurs agricoles tant au niveau des politiques gouvernementales locales qu'internationales. Les accords commerciaux et les négociations diplomatiques peuvent permettre d'atteindre un équilibre qui protège les droits des travailleurs et des agriculteurs tout en favorisant les intérêts économiques généraux. Ces modèles et interactions montrent comment la diplomatie peut être l'un des outils efficaces pour faire respecter les droits de l'homme aux niveaux mondial et local, et soulignent l'importance de ses interactions positives dans la réalisation des objectifs humanitaires mondiaux.

Défis contemporains pour la diplomatie et les droits humains

Le monde contemporain est confronté à de nombreux défis qui affectent le rôle de la diplomatie dans la protection et la promotion des droits de l'homme. Parmi ces défis figure l'escalade des conflits internationaux et des conflits armés, qui mettent en péril les droits de l'homme et entravent les efforts diplomatiques visant à les protéger. Le monde est également confronté à des défis croissants dans le domaine des droits de l'homme en raison des conditions économiques et sociales, ce qui nécessite d'intensifier les efforts diplomatiques pour relever ces nouveaux défis.

L'impact des conditions environnementales et du changement climatique sur les droits de l'homme constitue aussi un défi contemporain qui nécessite une réponse diplomatique efficace. En outre, les divisions et tensions sociales et culturelles croissantes dans le monde moderne renforcent l'importance de la diplomatie pour parvenir à la compréhension et à la coopération entre les États et les sociétés.

Les défis posés par les accords commerciaux et l'économie mondiale ont de plus une incidence sur les droits de l'homme, et la diplomatie doit garantir un équilibre entre le commerce mondial et la préservation des droits de l'homme. Ces défis justifient la nécessité de revoir les méthodes et stratégies diplomatiques existantes afin de s'adapter au contexte mondial actuel et de maintenir la protection et la promotion des droits de l'homme face à ces nouveaux défis.

La diplomatie multilatérale et son impact sur les droits de l'homme

La « diplomatie multilatérale » est un terme qui désigne la coopération et l'interaction entre plusieurs États ou entités internationales dans le but d'atteindre des objectifs communs, notamment la promotion des droits de l'homme et la stabilité humaine. Ce type de diplomatie revêt une importance considérable dans le monde moderne, où les défis mondiaux majeurs se multiplient et où il devient nécessaire pour les États et les organisations internationales de collaborer afin de relever ces défis complexes et de faire face aux crises humanitaires. L'un des aspects les plus fondamentaux de la diplomatie multilatérale est sa capacité à traiter des questions humanitaires complexes, telles que la migration illégale, les conflits armés, la sécurité alimentaire et le changement climatique.

Grâce à la coopération et à la coordination entre les différentes parties, la diplomatie multilatérale peut jouer un rôle efficace dans la recherche de solutions globales et durables à ces questions humanitaires importantes. En outre, la diplomatie multilatérale contribue à promouvoir le dialogue et la compréhension entre les différentes cultures, ce qui favorise les valeurs des droits de l'homme et la coopération entre les communautés. Cette interaction culturelle et personnelle peut servir de base à l'établissement de ponts de compréhension et de coopération internationale fondés sur des intérêts communs et des valeurs humaines partagées.

Avec le développement de la technologie et la prise de conscience croissante de la communauté internationale quant à l'importance des droits de l'homme, il est essentiel de reconnaître le rôle de la diplomatie multilatérale dans la promotion de ces valeurs et la stabilité humaine. Grâce à des efforts conjoints et à une coopération efficace, ce type de diplomatie peut avoir un impact significatif sur la réalisation de nobles objectifs humanitaires et la construction d'un monde meilleur pour les générations futures.

Réponse diplomatique aux crises humanitaires

Les crises humanitaires comptent parmi les problèmes les plus difficiles auxquels est confrontée la communauté internationale, notamment les guerres, les conflits armés, les catastrophes naturelles, les déplacements de population et l'extrême pauvreté. Le monde entier doit rapidement agir et efficacement pour répondre à ces crises. La diplomatie internationale joue un rôle essentiel dans la gestion de ces crises et la recherche de solutions durables. La réponse diplomatique doit être impartiale et fondée sur les principes des droits de l'homme, en mettant l'accent sur la médiation, la négociation et la recherche de solutions fondées sur la justice et l'égalité.

Tous les canaux diplomatiques possibles, y compris les communications bilatérales et les organisations internationales, doivent être utilisés pour éviter que les crises ne s'aggravent et pour que les personnes touchées reçoivent l'aide nécessaire. Cela nécessite une coopération internationale et un soutien mutuel entre les États, ainsi que l'échange d'informations et d'expertise afin de parvenir à une coordination efficace.

En outre, toutes les réponses diplomatiques aux crises humanitaires doivent être étudiées et évaluées afin d'élaborer les politiques et procédures futures. La gestion des crises humanitaires constitue un véritable défi pour la diplomatie internationale et la promotion des droits de l'homme. La réponse doit donc être globale et intégrée, reflétant l'engagement des États en faveur des normes relatives aux droits de l'homme et des valeurs humanitaires.

Conclusion : la diplomatie comme moyen fondamental de réalisation des droits de l'homme

L'établissement et la réalisation des droits de l'homme constituent l'une des priorités les plus importantes dans le monde actuel, et dans ce contexte, la diplomatie joue un rôle crucial dans la promotion et la protection de ces droits. Bien que la diplomatie soit souvent associée aux affaires internationales et aux relations entre États, elle est également devenue un moyen efficace d'intervenir dans la protection des droits de l'homme.

La diplomatie peut être un moyen de parvenir à un équilibre entre les États et de contribuer à surmonter les obstacles à la réalisation des droits de l'homme. La conclusion d'accords et de traités diplomatiques relatifs aux droits de l'homme peut avoir un impact profond sur leur protection. Les pourparlers et les négociations diplomatiques peuvent également être un moyen d'influencer les États et de les inciter à comprendre et à respecter les droits de l'homme. Grâce à une pression diplomatique soutenue et intelligente, des progrès significatifs peuvent être réalisés en matière de justice et d'égalité, ainsi que de protection des droits civils, politiques, économiques, sociaux et culturels.

En outre, la diplomatie peut jouer un rôle efficace dans la coordination des États et des organisations internationales pour fournir une aide humanitaire en temps de crise, soutenir les communautés dans le besoin et améliorer leurs conditions de vie. Il convient de souligner que la diplomatie, si elle est menée de manière appropriée et stratégique, peut constituer un pilier fondamental pour la réalisation et la protection des droits de l'homme dans notre nouvel ordre mondial.

2
Histoire de la diplomatie De l'Antiquité à l'ère moderne

Les civilisations anciennes telles que les civilisations égyptienne, indienne et chinoise sont à l'origine de la diplomatie. Les gouvernements anciens ont joué un rôle majeur dans l'établissement de relations entre eux, ce qui a conduit à l'échange de lettres, d'envoyés et à des négociations diplomatiques. Les civilisations anciennes constituent une référence importante pour comprendre comment la diplomatie est apparue comme science et art, et comment elle a évolué pour devenir le système diplomatique que nous connaissons aujourd'hui.

La diplomatie dans les civilisations anciennes

Dans les civilisations anciennes, les relations entre les nations étaient menées par ce que l'on pourrait qualifier de premières formes de diplomatie, les souverains et les dirigeants échangeant des envoyés et des lettres pour renforcer les alliances ou résoudre les différends. Par exemple, certaines personnalités de l'Égypte antique étaient chargées de communiquer avec d'autres royaumes et d'établir des relations commerciales et politiques. La correspondance diplomatique était également courante dans les civilisations babylonienne, assyrienne et phénicienne. [4]

Dans l'Inde et la Chine anciennes, ces civilisations utilisaient la diplomatie pour négocier des accords commerciaux et politiques, ainsi que pour former des alliances militaires. Le penseur de renom chinois Confucius est considéré comme l'une des figures les plus influentes dans l'élaboration des principes et des fondements de la diplomatie et des relations internationales. [5] Le développement de ces méthodes diplomatiques dans les civilisations anciennes témoigne de l'importance des relations internationales et du dialogue constructif depuis l'Antiquité. [6]

Les systèmes diplomatiques à l'époque classique

À l'époque classique, la diplomatie a connu des développements remarquables et des systèmes complexes. Lors de cette période, de multiples États ont émergé dans des régions telles que le Moyen-Orient, l'Inde et l'Europe antique. Chaque État disposait de son propre système diplomatique indépendant, avec ses propres règles et valeurs. Les méthodes diplomatiques variaient en fonction de la société et de la culture. Les Grecs et les Romains ont été les pionniers de nouvelles techniques diplomatiques qui ont ouvert la voie aux relations internationales.

Au Moyen-Orient, la diplomatie s'est épanouie dans des civilisations telles que celles des pharaons, de Babylone et de l'Assyrie, où elle bénéficiait de traditions profondément enracinées et d'une organisation précise. L'Inde a également connu le développement de la diplomatie pendant la période des États en guerre et au-delà. L'histoire de la diplomatie durant cette période est intéressante, compte tenu de la grande diversité culturelle et politique entre les différentes civilisations. Les transformations diplomatiques de l'époque classique ont marqué un tournant dans l'histoire des relations internationales [9], car elles ont contribué à établir les fondements et les règles sur lesquels s'est appuyée la diplomatie des époques suivantes.

Les transformations diplomatiques au Moyen Âge

Au Moyen Âge, la diplomatie a connu des changements radicaux, résultant de l'évolution des systèmes politiques, culturels et sociaux en Europe et au Moyen-Orient. Les guerres et les conflits religieux ont été parmi les principaux facteurs qui ont influencé les pratiques diplomatiques lors de cette période, à mesure que les tensions entre les royaumes et les empires s'intensifiaient. La diplomatie de cette période a également vu le développement de l'utilisation de lettres diplomatiques et de communications entre les dirigeants et les États pour résoudre les différends et les conflits.

De nouveaux aspects de la diplomatie ont également fait leur apparition au Moyen Âge, tels que le rôle des médiateurs, des ambassadeurs et des négociateurs internationaux, ce qui a conduit au développement de techniques et de pratiques diplomatiques. [10] Les cultures orientale et occidentale ont fortement influencé les pratiques diplomatiques au Moyen Âge, ce qui a créé une grande diversité et à une grande richesse des textes et traités diplomatiques. Les relations diplomatiques ont par ailleurs connu des développements dans l'utilisation des langues diplomatiques et les dialogues culturels entre les dirigeants et les gouvernements. Malgré les défis et les conflits du Moyen Âge, les pratiques diplomatiques ont contribué au développement des relations internationales et de la communication entre les différentes civilisations.

Le rôle de la diplomatie à la Renaissance

La Renaissance a été marquée par des changements majeurs dans la diplomatie et les relations entre les États. Ce fut une période de changements sociaux, culturels et intellectuels en Europe. Les sciences, les arts et la littérature y ont prospéré, et un nouveau mouvement a été lancé dans le but d'ouvrir des voies de communication et de contact entre différents pays. Le rôle de la diplomatie à la Renaissance a été déterminant dans l'établissement de relations commerciales et politiques entre les pays européens et orientaux. Les pratiques diplomatiques ont été influencées par les développements intellectuels et culturels que connaissaient les sociétés à l'époque. [11]

La diplomatie à la Renaissance se caractérisait par une apparence royale et luxueuse, les grands pays allouant leurs ressources au développement de missions diplomatiques et à la construction de palais d'ambassade luxueux. La diplomatie pendant cette période a servi à renforcer les relations culturelles et économiques entre les pays, en plus des efforts visant à maintenir l'équilibre du pouvoir politique.

La diplomatie à la Renaissance a également connu un nouvel élan dans le domaine des relations culturelles et des échanges scientifiques, les missions diplomatiques devenant des centres de communication et de transfert de connaissances entre les peuples. La diplomatie a joué un rôle majeur dans le transfert des connaissances, des arts et des sciences entre les pays, ce qui a contribué à jeter les bases du dialogue culturel et des échanges humains. [12] Ainsi, la Renaissance a été une période cruciale dans l'histoire de la diplomatie, car les nouvelles idées et les développements sociaux et culturels ont donné un nouvel élan aux relations diplomatiques et ont jeté les bases des interactions internationales modernes. [13]

Protocoles et pratiques diplomatiques dans les plus vastes empires

À l'époque des empires puissants, la diplomatie a évolué et est devenue une question de protocole précis. Les protocoles diplomatiques ont joué un rôle essentiel dans l'établissement de relations internationales stables et fiables. Les pratiques diplomatiques de cette période reflétaient la puissance et la grandeur des puissants empires. [14] Ces pratiques impliquaient le recours à l'embellissement, à la gaieté et à l'accent mis sur les protocoles formels et les règles strictes de conduite diplomatique. Le désir d'affirmer sa domination et sa souveraineté prévalait à travers les protocoles diplomatiques, les cérémonies officielles et les visites diplomatiques importantes. Le langage diplomatique reflétait ce pouvoir et cette supériorité à travers des expressions de déférence et des fioritures verbales qui traduisaient l'importance et la dignité.

Les cadeaux diplomatiques étaient également considérés comme un moyen d'assurer les relations internationales et reflétaient un sentiment d'appréciation et de puissance. Avec le développement des protocoles diplomatiques, l'importance des visites diplomatiques officielles et des cérémonies représentant le pouvoir politique et la grandeur s'est accrue. Ces pratiques diplomatiques reflètent la transformation de la diplomatie en une arène permettant d'afficher sa puissance et d'affirmer son contrôle et sa souveraineté. [15]

Cependant, les protocoles diplomatiques ont provoqué une augmentation des tensions entre les États et les empires, car les pratiques et coutumes protocolaires strictes ont conduit à des conflits diplomatiques et à une escalade des tensions politiques. Ainsi, les pratiques diplomatiques des puissants empires reflétaient le pouvoir et l'influence politique, mais elles ont aussi conduit à des problèmes et des tensions internationaux qui ont détérioré les relations entre les États.

Les révolutions et leur impact sur le corps diplomatique

Le XIXe siècle a été marqué par une série de révolutions politiques et sociales qui ont eu un impact profond sur la scène internationale et le corps diplomatique. Ces révolutions ont représenté un véritable défi pour les systèmes politiques existants et les puissances majeures, entraînant des changements radicaux dans la diplomatie. Les effets de ces révolutions ont varié d'une région à l'autre.

En Europe, des révolutions ont éclaté, contribuant à l'affaiblissement de l'influence des empires ottoman et austro-hongrois et au déplacement de nombreuses capitales traditionnelles. [18] Parallèlement, en Amérique latine, de nombreuses révolutions ont éclaté contre le colonialisme européen, conduisant à la création de nouveaux États et à des changements structurels dans les pouvoirs régionaux. [19] Toutes ces révolutions ayant eu des répercussions sur le corps diplomatique, les négociations internationales sont devenues plus complexes et difficiles, et les relations entre les États se sont tendues. [20]

Les révolutions ont posé de nouveaux défis aux diplomates et ont accru la pression politique pour trouver des solutions pacifiques et durables aux conflits. Il convient de noter que l'impact des révolutions ne s'est pas limité à la sphère diplomatique. Cependant, il s'est également étendu au droit international et aux droits de l'homme, incitant les diplomates à repenser leurs stratégies et leurs pratiques. [21] Par conséquent, il est essentiel de comprendre les effets des révolutions sur le corps diplomatique pour appréhender la dynamique de la diplomatie à l'ère moderne.

La diplomatie au XIXe siècle : l'expansion de la géopolitique

Au cours du XIXe siècle, le monde a connu des transformations politiques majeures qui ont affecté le paysage diplomatique. Le XIXe siècle a vu une expansion considérable de la géopolitique et l'émergence de nouvelles puissances sur la scène internationale. De nouveaux empires ont commencé à s'établir et à étendre leur influence, entraînant des changements radicaux dans le système des relations internationales.

La diplomatie a joué un rôle crucial dans ce contexte, car les relations étrangères ont connu un formidable élan et des tensions croissantes. La concurrence internationale et les conflits régionaux se sont intensifiés, entraînant un redécoupage de la carte politique du monde. À mesure que les différences et les conflits géopolitiques s'intensifiaient, il est devenu plus difficile pour les pays de se comprendre, et les relations internationales se sont compliquées. En analysant les événements diplomatiques de cette période, nous constatons que l'expansion de la géopolitique a eu un impact significatif sur les pratiques et les contextes de la diplomatie internationale.

Les défis et les responsabilités auxquels étaient confrontés les diplomates se sont accrus, les questions auxquelles les États devaient faire face devenant plus complexes et nécessitant des solutions diplomatiques décisives. Il est donc essentiel de comprendre l'histoire de la diplomatie pendant cette période pour appréhender les défis diplomatiques modernes et futurs.

Références

Histoire de la diplomatie

[1] La diplomatie moderne doit certaines de ses caractéristiques importantes à la fois au Moyen-Orient antique et aux périodes classiques de la Grèce antique et de la République romaine, remettant en question la notion de diplomatie comme caractéristique unique. Ce chapitre traite de l'évolution de la diplomatie à travers l'histoire, soulignant que la diplomatie moderne tire des caractéristiques importantes du Moyen-Orient antique et des périodes de la Grèce antique, de la République romaine et de l'Empire romain. Balzacq, Charillon et Ramel abordent le concept de diplomatie, en modifiant les définitions qui s'appuient sur une seule caractéristique telle que la représentation, la communication ou la négociation. Voir :

Thierry Balzacq, Frédéric Charillon et Frédéric Ramel. « Introduction : Histoire et théories de la diplomatie ». Global Diplomacy (2019). https://doi.org/10.1007/978-3-030-28786-3_1.

[2] Paul Collins, « De l'Égypte à Babylone : l'ère interna-

tionale, 1550-500 av. J.-C. » (2007). https://doi.org/10.5860/choice.47-1013.

[3] R. Westbrook et Amarna, « La diplomatie babylonienne dans les lettres d'Amarna ». Journal of the American Oriental Society, 120 (2000) : 377-382. https://doi.org/10.2307/606009.

[4] Marian H. Feldman, « Assur Tomb 45 and the Birth of the Assyrian Empire ». Bulletin of the American Schools of Oriental Research, 343 (2006) : 21-43. https://doi.org/10.1086/BASOR25066963.

[5] Khan, Uzma, Huili Wang, Zhongliang Cui, Abida Begum, Abdullah Mohamed et Heesup Han. 2022. « La pensée philosophique de Confucius et Mencius, et le concept de communauté d'avenir partagé pour l'humanité ». Sustainability 14, n° 16 : 9854. https://doi.org/10.3390/su14169854

[6] K. Raaflaub. « Guerre et paix dans le monde antique ». (2006). https://doi.org/10.1002/9780470774083.

[7] W. Roberts, « The Evolution of Diplomacy » (L'évolution de la diplomatie). Mediterranean Quarterly, 17 (2006) : 55-64. https://doi.org/10.1215/10474552-2006-015.

Ce chercheur explique que le mot « diplomatie » a des racines grecques et a ensuite été utilisé par les Français pour désigner le travail d'un négociateur agissant au nom d'un souverain. La recherche retrace l'histoire de l'activité diplomatique sur au moins deux mille ans, soulignant la création du premier ministère des Affaires étrangères à Paris en 1626.

[8] Raymond Cohen, « The great tradition : the spread of diplomacy in the ancient world » (La grande tradition : la diffusion de la diplomatie dans le monde antique). Diplomacy & Statecraft, 12 (2001) : 23-38. https://doi.org/10.1080/09592290108406186.

Cette recherche montre que la diplomatie telle que nous la

comprenons aujourd'hui est apparue au troisième millénaire avant J.-C. dans le Proche-Orient ancien, avec le développement de l'écriture et de la culture urbaine. Ces traditions ont été transmises aux civilisations classiques de la Grèce et de Rome et ont continué à prospérer à Byzance, Rome et Venise, la Renaissance offrant les conditions propices à leur diffusion.

[9] F. Adcock. « The Development of Ancient Greek Diplomacy ». Antiquity, 17 (1948) : 1-12. https://doi.org/10.3406/ANTIQ.1948.2822.

[10] Dover, Paul, et Hamish Scott. « The Emergence of Diplomacy ». Dans The Oxford Handbook of Early Modern History 1350-1750. Vol. 2. Sous la direction de Hamish Scott, 663-695. Oxford : Oxford University Press, 2015.

[11] Ibid.

[12] Dover, Paul, et Hamish Scott (2015), op. cit.

[13] M. Akasha. « Évolution of Diplomacy » (Évolution de la diplomatie). (2012). https://doi.org/10.2139/SSRN.2220467.

Cette étude affirme que la diplomatie est la deuxième plus ancienne profession, avec des preuves de pratiques diplomatiques dans l'Égypte, la Grèce et la Rome antiques. Elle souligne que les origines de la diplomatie moderne remontent aux États du nord de l'Italie et au début de la Renaissance. La diplomatie a évolué depuis les pratiques anciennes vers des formes modernes, s'adaptant à différents contextes politiques et économiques.

[14] Xiong, Qunrong. « Échanges internationaux et communication culturelle dans l'histoire chinoise ». Notes de cours sur l'histoire, 2023.

[15] van Hoef, Y. L'amitié entre les nations : histoire d'un concept. Contemp Polit Theory 19 (Suppl 4), 231–234 (2020). https://doi.org/10.1057/s41296-019-00323-1

[16] Zhiyu, Xiong. « La position et la fonction de la diplomatie d'équilibre dans l'histoire des relations internationales modernes ». (2019).

[17] Bury, J.P.T. Diplomacy and Revolution : G.P. Gooch and the Genesis of History. Londres : Longman, 1974.

[18] Schulz, Matthias. Diplomacy and Revolutions: German Ambassadors and the Transformations of the International System, 1789-1919. Cambridge : Cambridge University Press, 2019.

[19] Pike, Fredrick B., éd. Diplomacy and Revolution in Latin America. Notre Dame, IN : University of Notre Dame Press, 1985.

[20] Katz, Friedrich. « Diplomacy and Revolution: The Case of Mexico, 1910-1920 ». Diplomatic History 13, n° 1 (1989) : 19-37.

[21] J. Siracusa. « 1. Évolution de la diplomatie ». Diplomatic History : A Very Short Introduction (2010). https://doi.org/10.1093/ACTRADE/9780199588503.003.0001.

Ce chercheur examine le développement de la diplomatie moderne en mettant l'accent sur les diplomates et l'art de conclure des traités. Il fait référence aux traités de paix et à la coopération internationale qui ont façonné le paysage diplomatique à travers l'histoire, tels que les traités de Vienne (1815), de Brest-Litovsk (1918) et de Versailles (1919). Le développement de la diplomatie, qui met l'accent sur la conclusion de traités, a façonné le paysage diplomatique de l'histoire humaine, du congrès de Vienne (1815) à la Charte des Nations unies (1948).

[22] Andrew Krischer et Hillard von Thiessen, « Diplomacy in a Global Early Modernity: The Ambiguity of Sovereignty ». (La diplomatie dans une modernité précoce mondialisée : l'ambiguïté de la souveraineté). The International History

Review, 41 (2018) : 1100-1107. https://doi.org/10.1080/07075332.2018.1536674.

Cette étude examine les changements historiques survenus dans les relations étrangères européennes au début de l'ère moderne et la manière dont les rapports de pouvoir mondiales ont influencé la diplomatie contemporaine et les relations internationales.

3
Origines et évolution des droits de l'homme Dans la communauté internationale

Définition et importance des droits de l'homme

Les droits de l'homme sont fondamentaux pour les sociétés humaines, car ils représentent les droits fondamentaux dont tout être humain peut se prévaloir sans discrimination ni violation. La définition des droits de l'homme s'articule autour de l'idée d'assurer la protection et le respect de chaque individu en tant qu'être humain, indépendamment de son origine culturelle, religieuse ou économique.

L'importance juridique des droits de l'homme découle de leur rôle dans la réalisation de la justice et de l'égalité entre les individus dans la société. Les lois et les systèmes fondés sur les principes des droits de l'homme doivent garantir la sécurité de tous les individus et protéger leurs libertés fondamentales. D'un point de vue éthique, l'importance des droits de l'homme découle de la reconnaissance de la valeur humaine et du respect de la dignité et de la liberté humaines.

Les droits de l'homme protègent les individus contre la torture et l'injustice et favorisent une vie digne et l'épanouissement personnel. Nous constatons donc que le non-respect des droits de l'homme conduit à l'injustice, à l'oppression et à la décadence morale de la société. Nous devons donc comprendre la définition et l'importance des droits de l'homme en tant que règle qui fait référence à la justice et à la moralité, qui doivent être au cœur des sociétés humaines.

Les racines historiques des droits de l'homme dans les sociétés anciennes

Les racines des droits de l'homme remontent à de nombreuses sociétés et civilisations anciennes, où émergeaient des idées et des principes très semblables à ce que nous connaissons aujourd'hui sous le nom de droits de l'homme. Dans l'Antiquité, il existait des concepts et des valeurs qui privilégiaient la capacité de l'individu à jouir de la liberté, de la dignité et de la justice. Par exemple, certains textes anciens, tels que le Code d'Hammourabi, reflètent des concepts de justice sociale et reposent sur l'idée de protéger les pauvres et les opprimés.

Dans la civilisation grecque, la philosophie grecque était axée sur les concepts d'humanité et de dignité, des philosophes tels que Platon et Aristote abordant des questions liées à la liberté humaine et à la vie privée. Grâce à la pensée romaine, les concepts de citoyenneté et de droits ont évolué pour inclure des segments plus larges de la société.

La civilisation islamique a également joué un rôle majeur dans le développement du concept des droits de l'homme, la loi islamique stipulant les droits, la liberté, la dignité et le caractère unique de l'individu. La loi islamique considérait les droits de l'homme comme une question fondamentale et établissait des règles et des règlements visant à assurer la protection et la justice pour l'individu. Ces exemples historiques indiquent que le concept des droits de l'homme a des racines historiques profondes dans diverses civilisations anciennes, soulignant l'importance de cette question et sa place dans les discussions et la réflexion modernes sur les droits et les libertés.

L'influence des philosophies européennes sur le concept des droits de l'homme

Depuis la Renaissance et la Réforme, les philosophies européennes ont contribué de manière significative à la formulation du concept moderne des droits de l'homme. Cette époque et la période qui a suivi ont été témoins d'une révolution dans la pensée morale et philosophique, les philosophes et les penseurs ayant commencé à souligner l'importance et la dignité de l'individu. La pensée humaniste a été influencée par les œuvres de philosophes tels que Goethe, Kant, Rousseau, Voltaire et d'autres, qui se sont battus pour assurer une protection adéquate des droits de l'homme en tant que partie intégrante de l'existence humaine.

La Révolution française et la Déclaration des droits de l'homme et du citoyen ont considérablement fait progresser la reconnaissance officielle des droits de l'homme. De plus, les philosophies juridiques européennes, telles que les droits naturels et les droits rationnels, ont abordé les fondements philosophiques des droits de l'homme. Ces philosophies ont contribué à la construction du concept moderne des droits de l'homme fondé sur les valeurs de justice, d'humanité et de dignité humaine. D'où l'importance de la philosophie européenne et son influence profonde sur notre compréhension des droits de l'homme et leur rôle dans la communauté internationale.

La rédaction de la Déclaration universelle des droits de l'homme et le travail des Nations unies

Influencées par les philosophies européennes sur le concept des droits de l'homme, les Nations Unies ont joué un rôle déterminant dans la rédaction de la Déclaration universelle des droits de l'homme, qui a marqué un tournant dans l'histoire des droits de l'homme. Il était nécessaire de rédiger une déclaration qui définirait les droits fondamentaux devant être garantis à chaque individu sans condition et qui établirait les principes juridiques internationaux pour leur protection et leur promotion. Après les conflits sanglants dont le monde a été témoin au XXe siècle, il était urgent de rédiger une déclaration qui protégerait l'humanité tout entière contre les dangers des abus brutaux et des violations des droits.

Les efforts dans ce sens ont commencé après la Seconde Guerre mondiale, lorsque les Nations unies ont convoqué la Conférence de San Francisco en 1945 afin de rédiger la Charte des Nations unies et de créer l'organisation internationale dans le but de maintenir la paix et la sécurité mondiales. Un comité a été chargé de former une commission des droits de l'homme dans le but de rédiger une Déclaration universelle des droits de l'homme.

La Déclaration universelle des droits de l'homme a été adoptée le 10 décembre 1948 par l'Assemblée générale des Nations unies. Cette déclaration, considérée comme une avancée historique majeure, reconnaît les droits humains et les libertés fondamentales qui doivent être garantis à chaque individu sans condition, que ce soit dans le domaine politique, social, économique ou culturel. La Déclaration universelle des droits de l'homme contient 30 articles traitant des droits individuels et des libertés fondamentales tels que le droit à la vie, à la liberté, à l'égalité, à la non-discrimination, à l'éducation et aux droits économiques, sociaux et culturels. Ces articles reflètent les valeurs humaines universelles et soulignent les valeurs de justice et d'égalité qui devraient prévaloir dans les sociétés humaines.

Les Nations Unies ont joué un rôle de premier plan dans la promotion des mesures prévues par la Déclaration, en fixant les objectifs de promotion et de protection des droits de l'homme par la mise en place de structures juridiques internationales et la coopération avec les États pour prendre les mesures nécessaires à la mise en œuvre de ces droits. Le Haut-Commissariat des Nations Unies aux droits de l'homme a également été créé pour suivre l'évolution de la situation dans le domaine des droits de l'homme et œuvrer à leur promotion. En coopération avec d'autres États et organisations internationales, les Nations Unies continuent de s'efforcer de promouvoir la culture humaine et les droits de l'homme aux niveaux international et local.

Accords et protocoles internationaux promouvant les droits de l'homme

Les accords et protocoles élaborés par la communauté internationale afin de promouvoir la protection de ces droits ont transformé les droits de l'homme en droit international contraignant. Les accords et protocoles internationaux constituent un élément essentiel du système juridique international contemporain, qui vise à garantir le respect et l'application des droits de l'homme dans le monde entier. Ces accords et protocoles représentent l'engagement des États membres à protéger les droits de l'homme et à garantir une vie digne à chaque individu. Ces accords couvrent de nombreuses questions relatives aux droits de l'homme, telles que les droits des femmes, les droits des enfants, les droits des réfugiés et bien d'autres encore. Ils visent à réaliser des progrès durables dans la protection des droits fondamentaux de l'homme, favorisant ainsi la justice, l'égalité et la prospérité économique.

La mise en œuvre de ces accords nécessite une coopération internationale et des efforts conjoints pour atteindre leurs objectifs et garantir les droits humains pour tous les individus, indépendamment de leur sexe, de leur race, de leur religion ou de leur statut social. Les conventions et protocoles internationaux relatifs aux droits de l'homme sont des instruments efficaces pour construire un monde plus inclusif et plus équitable, dans lequel tous les individus peuvent exercer leurs droits primordiaux sans discrimination ni violation. [11] Par conséquent, le renforcement de l'engagement en faveur de la mise en œuvre de ces conventions et protocoles reste un défi important qui nécessite des efforts continus de la part de la communauté internationale et des États membres pour progresser vers un monde qui respecte et protège les droits de l'homme de tous.

La renaissance des droits de l'homme dans le droit international contemporain

Les droits de l'homme sont l'un des thèmes les plus importants du droit international contemporain, ayant connu des développements remarquables au cours des dernières décennies. Avec la prise de conscience croissante de l'importance de la protection des droits de l'homme au niveau international, de nouveaux principes et lois ont été adoptés dans le but de promouvoir et de protéger ces droits fondamentaux. D'un point de vue juridique, de nombreux pays et organisations internationales ont vu naître de nouvelles déclarations et de nouveaux accords relatifs aux droits de l'homme, consacrant de nouveaux principes visant à garantir l'égalité de tous devant la loi et à protéger leurs droits primordiaux sans discrimination.

L'accord le plus important est sans doute la Déclaration universelle des droits de l'homme, publiée par les Nations unies en 1948, qui est considérée comme une référence fondamentale en matière de droits de l'homme dans le monde entier. En outre, les tribunaux internationaux ont vu leur rôle dans la protection des droits de l'homme considérablement évoluer, avec la création de tribunaux spéciaux et de tribunaux internationaux chargés de juger les cas de violations des droits de l'homme au niveau mondial.

Ces tribunaux veillent au respect des lois internationales et des normes humanitaires mondiales, et sont chargés de traduire en justice les auteurs de violations et de garantir la justice et l'indemnisation des victimes. Il est indéniable que la renaissance des droits de l'homme dans le droit international contemporain reflète les transformations sociales et politiques du monde [14]. Elle témoigne de la lutte permanente pour garantir les droits de l'homme et la dignité au niveau mondial. Malgré les défis et les difficultés [15], cette renaissance représente un début prometteur vers un monde égalitaire et juste qui répond aux aspirations de l'humanité en matière de justice, de liberté et de dignité.

Les tribunaux internationaux et leur rôle dans la protection des droits de l'homme

Les tribunaux internationaux jouent un rôle essentiel dans la protection des droits de l'homme au niveau international, car leurs efforts représentent un tournant dans l'application des lois relatives aux droits de l'homme. Compte tenu des défis culturels et politiques auxquels sont confrontées différentes sociétés à travers le monde, les tribunaux internationaux cherchent à rendre justice et à garantir le respect des droits de l'homme de tous les individus, indépendamment de leur nationalité ou de leur origine culturelle.

La Cour internationale de justice et d'autres tribunaux internationaux en sont des exemples notables, car ils résolvent les différends internationaux liés aux droits de l'homme et adoptent des positions qui soulignent l'importance de respecter ces droits et d'appliquer les lois internationales pertinentes. Ces tribunaux cherchent également à sensibiliser la communauté internationale à l'importance de la protection des droits de l'homme et à fournir un soutien juridique aux victimes et aux communautés touchées.

Grâce à une analyse approfondie des questions relatives

aux droits de l'homme et au droit international, les tribunaux internationaux contribuent à établir une base juridique solide pour la protection des droits de l'homme et à définir des normes internationales qui guident le comportement des États et des individus vers des engagements plus efficaces. Ces efforts judiciaires déployés par les tribunaux internationaux constituent un fondement essentiel pour promouvoir une culture de respect et de promotion des droits de l'homme dans nos sociétés actuelles.

Défis culturels et politiques dans l'application mondiale des droits de l'homme

Les défis culturels et politiques comptent parmi les facteurs les plus importants qui affectent l'application des droits de l'homme aux niveaux international et local. Dans le contexte de la mondialisation et de la diversité culturelle, le concept des droits de l'homme entre souvent en conflit avec diverses valeurs et croyances qui peuvent contredire certains de ses aspects. [19]

Les communautés internationales doivent relever ces défis de manière sérieuse et constructive afin de garantir une protection complète des droits de l'homme. Divers facteurs politiques viennent s'ajouter aux défis culturels, car certains intérêts politiques et économiques peuvent entrer en conflit avec la mise en œuvre et le respect des droits de l'homme. Des mesures décisives doivent être prises pour surmonter ces obstacles et renforcer l'engagement en faveur de la mise en œuvre des droits de l'homme sans partialité ni discrimination.

Les organisations internationales et les gouvernements nationaux doivent collaborer pour sensibiliser à l'importance des droits de l'homme et promouvoir une culture des droits au niveau international, en adoptant des politiques et des programmes qui encouragent le respect et la mise en œuvre de ces droits sans exception. Il s'agit là d'un véritable défi qui nécessite des efforts conjoints et soutenus de la part de tous les acteurs de la communauté internationale.

Les droits de l'homme en temps de crise : des guerres aux pandémies

C'est en période de crise que l'humanité se manifeste le plus clairement. Lorsque les guerres et les pandémies frappent l'humanité, la question des droits de l'homme se pose avec plus de force que jamais. Les citoyens ordinaires qui se trouvent dans des conflits armés subissent de graves souffrances qui dépassent leur capacité d' . Leurs droits fondamentaux à la vie, à la sécurité et à la liberté sont constamment menacés, et ils sont exposés aux risques de déplacement, de famine et de violations constantes de leur dignité humaine. En ces temps difficiles, les communautés internationales ont la responsabilité de trouver des solutions justes et équitables qui rétablissent la dignité humaine et promeuvent les droits oubliés. Cependant, ces défis ne prennent pas fin avec la fin des conflits armés, mais se poursuivent après les épidémies et les catastrophes naturelles.

Les menaces pour la santé posent de nouveaux défis aux droits de l'homme [21], car la vie, la santé et la liberté sont mises en danger, et ce sont les pauvres et les marginalisés qui sont les plus touchés par les crises. Dans ce contexte, les diplomates et les décideurs internationaux doivent travailler ensemble pour élaborer des politiques et des procédures qui garantissent la protection des droits humains face à diverses crises, apportent le soutien nécessaire aux personnes touchées et favorisent la durabilité sociale et économique. C'est l'occasion pour la communauté internationale de faire preuve de solidarité et d'humanité face à l'adversité et de travailler d'arrache-pied à la réalisation des aspirations en matière de droits humains, afin d'assurer la sécurité et la dignité de chaque individu dans ce monde instable.

Conclusion : l'avenir des droits humains dans un monde en mutation

Durant les dernières décennies, les droits de l'homme ont été fortement affectés par les évolutions rapides et croissantes du monde. À la suite des transformations sociales, économiques et technologiques, la communauté internationale est confrontée à de nouveaux défis pour garantir la protection et le respect continus des droits de l'homme aux niveaux national et international. Depuis l'adoption de la Déclaration universelle des droits de l'homme en 1948, le monde a connu des progrès considérables dans le domaine des droits de l'homme et de l'action internationale visant à promouvoir et à protéger ces droits.

Cependant, les défis et les crises actuels exigent de nouvelles visions et stratégies pour garantir les droits humains à notre époque. À l'avenir, nous devrons sérieusement réfléchir à la manière de relever les nouveaux défis susceptibles d'affecter les droits humains, notamment le changement climatique, les nouvelles technologies et les crises sanitaires mondiales. Nous devons également élaborer des plans solides pour promouvoir les droits humains dans les processus politiques, économiques et sociaux. Il est par ailleurs essentiel que nous nous engagions à renforcer la solidarité internationale afin de promouvoir les droits humains et d'apporter notre soutien aux pays en développement et à ceux touchés par des crises humanitaires. Les efforts internationaux doivent viser à fournir une assistance et une coordination dans le but de relever les défis mondiaux d'une manière qui préserve la dignité humaine et garantisse l'accès à la justice et l'égalité pour tous. Dans ce contexte, la diplomatie et la politique étrangère des États doivent être fondées sur les principes des droits de l'homme et leur engagement à promouvoir la coopération internationale afin de les protéger partout dans le monde.

La communauté internationale doit collaborer pour lutter contre toutes les formes de persécution et de discrimination et pour garantir les droits des groupes vulnérables et marginalisés. Il est important de soutenir la recherche et l'innovation dans le domaine des droits de l'homme et de sensibiliser à l'importance des droits de l'homme dans la réalisation du développement durable. Les politiques publiques et économiques doivent soutenir les principes éthiques et les valeurs humaines et chercher à offrir des chances égales à tous, sans discrimination. En fin de compte, nous devons toujours garder à l'esprit que la protection des droits de l'homme est la responsabilité de tous les individus et de toutes les sociétés, et qu'il s'agit d'une responsabilité partagée que nous devons tous assumer. Les droits de l'homme sont le fondement de la dignité, de la justice et de la paix dans un monde en mutation, et nous devons œuvrer ensemble pour un avenir qui respecte les droits de tous.

Références

Origines et évolution des droits de l'homme

[1] Voir le chapitre 1 de cette étude.

[2] Buergenthal, T. « The Normative and Institutional Evolution of International Human Rights » (L'évolution normative et institutionnelle des droits de l'homme internationaux). Human Rights Quarterly 19 (1997) : 703-723.

Cet article analyse les différentes étapes du développement du droit international contemporain en matière de droits de l'homme, à commencer par la Charte des Nations Unies, qui a jeté les bases du droit international moderne en matière de droits de l'homme.

[3] Kundal, Navjeet Sidhu. « L'évolution et l'impact des droits de l'homme : des origines anciennes aux défis modernes ». International Journal of Science and Research (IJSR), 2023.

Cet article retrace la trajectoire historique des droits de l'homme, depuis leurs origines anciennes jusqu'à leurs manifestations modernes. Il explore les fondements philosophiques et l'évolution des instruments relatifs aux droits de l'homme tels que la Magna Carta et la Déclaration d'indépendance américaine.

[4] Sossai, M. « Catholicism and the Evolution of International Law Studies in Italy » (Le catholicisme et l'évolution des études de droit international en Italie), 215-33, 2020.

Cette étude examine l'influence du catholicisme sur le développement des études de droit international en Italie, y compris son impact sur le concept des droits de l'homme.

[5] David S. Weissbrodt, F. N. Aolaín et Mary Rumsey. « The development of international human rights law » (Le développement du droit international des droits de l'homme , 2017). https://doi.org/10.4324/9781315086750.

[6] Drozenová, Wendy. « Ethical Foundations of Jacques Maritain's and Michael Novak's Conception of Human Rights » (Fondements éthiques de la conception des droits de l'homme de Jacques Maritain et Michael Novak). Ethics & Bioethics 13 (2023) : 127-37. Cet article analyse les fondements éthiques du concept des droits de l'homme dans les travaux des philosophes européens Jacques Maritain et Michael Novak.

[7] Beall, Katherine M. « Le Sud global et les droits humains mondiaux : la responsabilité internationale pour le droit au développement ». Third World Quarterly 43 (2022) : 2337-56.

[7] Beall, Katherine M. « Le Sud global et les droits humains mondiaux : la responsabilité internationale pour le droit au développement ». Third World Quarterly 43 (2022) : 2337-56.

Cet article explore le rôle du Sud dans l'élaboration du concept des droits humains universels, y compris sa contribution à la rédaction de la Déclaration universelle des droits de l'homme.

[8] Johannes Morsink, « The Universal Declaration of Human Rights : Origins, Drafting, and Intent » (La Déclaration

universelle des droits de l'homme : origines, rédaction et intention). American Journal of Legal History, 43 (1999) : 346-347. https://doi.org/10.9783/9780812200416.

La Déclaration universelle des droits de l'homme, adoptée en 1948, constitue le fondement moral de plus de deux cents instruments relatifs aux droits de l'homme.

[9] M. Lesch et Nina Reiners. « Élaboration informelle du droit relatif aux droits de l'homme : comment les organes conventionnels utilisent les « observations générales » pour développer le droit international ». Global Constitutionalism (2023). https://doi.org/10.1017/s2045381723000023.

Les organes conventionnels utilisent les « observations générales » pour façonner de manière informelle le droit international des droits de l'homme, en s'appuyant sur leurs réseaux et leur expertise pour contrer l'opposition des États puissants.

[10] Schabas, W. « The Customary International Law of Human Rights » (Le droit international coutumier des droits de l'homme), 2021.

Cet ouvrage traite de l'évolution du droit international coutumier des droits de l'homme, y compris les principales conventions et protocoles internationaux.

[11] E. Neumayer, « Les traités internationaux relatifs aux droits de l'homme améliorent-ils le respect des droits de l'homme ? », Journal of Conflict Resolution, 49 (2005) : 925-953. https://doi.org/10.1177/0022002705281667.

Les traités internationaux relatifs aux droits de l'homme peuvent améliorer le respect des droits de l'homme dans les pays plus démocratiques ou ceux dotés d'une société civile forte, mais peuvent n'avoir aucun effet dans les régimes autoritaires où la société civile est faible.

[12] Gleider Hernández, « Droits humains internationaux

et droit des réfugiés ». Droit international (2019). https://doi.org/10.1093/HE/9780198748830.003.0016

La Déclaration universelle des droits de l'homme et d'autres traités internationaux relatifs aux droits de l'homme ont contribué à l'élaboration du droit international, tandis que des cadres régionaux tels que les conventions européennes, américaines et africaines relatives aux droits de l'homme ont également contribué à assurer une protection.

[13] Kuzenko, U. « La Déclaration universelle des droits de l'homme comme source des normes juridiques internationales universelles en matière de droits de l'homme », 36-42, 2020.

Cette étude analyse la Déclaration universelle des droits de l'homme en tant qu'instrument juridique international qui a jeté les bases du statut démocratique moderne des êtres humains et de leurs droits et libertés fondamentaux.

[14] Schulze, S. « Hansa Mehta et la Déclaration universelle des droits de l'homme », 66:254-58, 2018. Cette étude se concentre sur le rôle de Hansa Mehta dans la rédaction de la Déclaration universelle des droits de l'homme, soulignant la contribution des pays du Sud à ce processus.

[15] Sarkin, J., et Ross Callum Capazorio. « The Syrian Conflict as a Test Case for the Limits of the International Community and International Law : Global Politics and State Sovereignty Versus Human Rights Protection ». Le conflit syrien est présenté comme un test pour évaluer les limites de la communauté internationale et du droit international, opposant la politique mondiale et la souveraineté des États à la protection des droits de l'homme. Human Rights Quarterly 44 (2022) : 476-513.

Cet article utilise le conflit syrien comme étude de cas pour explorer les limites de la communauté internationale et du droit international dans la protection des droits de l'homme à l'ère moderne.

[16] Moreira, F. « Le rôle consultatif des tribunaux internationaux dans l'évolution du droit des droits de l'homme ». Juridical Tribune, 2023.

Cette étude examine le rôle consultatif des tribunaux internationaux dans l'évolution du droit contemporain des droits de l'homme.

[17] Loger, J. « Pratique, évolution et protection des droits de l'homme à travers la jurisprudence de la Cour internationale de justice ». American Yearbook of International Law, 2023.

Cet article analyse le rôle de la Cour internationale de justice dans le développement et la protection des droits de l'homme à travers sa jurisprudence.

[18] Murray, Daragh. « Organiser la rébellion : les groupes armés non étatiques au regard du droit international humanitaire, du droit des droits de l'homme et du droit pénal international », Tilman Rodenhauser*. Revue internationale de la Croix-Rouge 101 (2019) : 377-82.

Cette revue examine le rôle des tribunaux internationaux dans l'application du droit international humanitaire et du droit international des droits de l'homme aux groupes armés non étatiques.

[19] Almahfali, Mohammed, M. Levine et Abdulghani Muthanna. « Cartographie du discours arabe sur les droits de l'homme : revue thématique ». International Journal of Human Rights 28 (2023) : 197-219.

Cette étude fournit un aperçu complet du discours sur les droits de l'homme dans le monde arabe, en soulignant les défis culturels et politiques liés à l'application des droits de l'homme.

[20] Voloshuk, Oksana Viktoria Kolesnyk, A. Shevchuk, O. Yushchyk et P. Krainii. Oksana Viktoria Kolesnyk, A. Shevchuk, O. Yushchyk et P. Krainii, « Human Rights Protection in the Context of Combating Terrorism : Problems of Finding the Optimal Balance ». Revista Amazonía Investiga, 2021.

Cet article examine les défis liés à la protection des droits humains dans le contexte de la lutte contre le terrorisme, en soulignant les tensions entre la sécurité et les droits humains en temps de crise.

[21] Wewerinke-Singh, M. « Pandémies, santé planétaire et droits de l'homme ». Max Planck Yearbook of United Nations Law Online, 2021.

Cette étude explore la relation entre les pandémies, la santé planétaire et les droits de l'homme, en mettant l'accent sur le rôle de la solidarité mondiale et de la coopération internationale.

4
La relation entre la diplomatie et les droits de l'homme
Interactions et défis

Définir la relation entre diplomatie et droits humains

La relation entre diplomatie et droits humains est une question complexe qui soulève de nombreuses interrogations quant à la manière dont les relations diplomatiques peuvent renforcer ou affaiblir les droits humains. Depuis l'aube des civilisations anciennes jusqu'à l'ère moderne, les relations diplomatiques et leur interaction avec les droits humains ont connu des évolutions significatives et des transformations radicales.

La diplomatie a toujours été accompagnée de questions relatives aux droits de l'homme et de conflits connexes, et elle a constitué un mécanisme permettant d'influencer les droits de l'homme, tant de manière positive que négative. La diplomatie est l'un des principaux outils d'interaction entre les États et les sociétés aux niveaux régional et international, et elle a eu un impact significatif sur l'élaboration des concepts modernes des droits de l'homme.

Historiquement, les interactions diplomatiques ont pris de nombreuses formes, allant des négociations politiques et de la médiation des conflits aux sanctions économiques et aux alliances régionales et internationales, toutes influencées par le degré de respect des droits de l'homme dans les pays concernés. La recherche sur ce sujet nécessite une compréhension approfondie des effets de la diplomatie sur les droits de l'homme, ainsi qu'une analyse minutieuse des facteurs qui conduisent parfois à leur érosion en raison d'intérêts politiques ou économiques. Il est essentiel d'identifier la véritable relation entre la diplomatie et les droits de l'homme pour comprendre comment les facteurs diplomatiques affectent les droits fondamentaux et comment trouver un équilibre entre eux.

Le contexte historique de l'interaction entre la diplomatie et les droits de l'homme

La relation entre diplomatie et droits de l'homme est l'un des domaines les plus complexes de la scène internationale, fondée sur une longue histoire d'interaction et de conflit. Nous avons constaté que l'histoire de cette relation remonte à l'Antiquité, lorsque les nations et civilisations anciennes disposaient de leurs propres systèmes pour exprimer leurs relations internationales et traiter les questions relatives aux droits de l'homme. Depuis lors, la diplomatie et les droits de l'homme ont subi des transformations importantes, influencées par des événements historiques majeurs. L'interaction entre la diplomatie et les droits de l'homme a considérablement évolué au cours des 70 dernières années, depuis l'adoption de la Déclaration universelle des droits de l'homme en 1948. [1] Parmi les développements historiques clés, on peut citer les suivants :

- Les années 1960 et 1970 ont vu les droits de l'homme occuper une place de plus en plus importante dans la diplomatie internationale, en particulier dans le cadre des efforts de décolonisation.

- Dans les années 1970, on a assisté à une prolifération des organisations non gouvernementales et des réseaux transnationaux d'activistes axés sur les droits de l'homme.

- Le processus d'Helsinki dans les années 1970 a fait des droits de l'homme un élément permanent du dialogue entre l'Est et l'Ouest.

- À la fin des années 1970, le président Carter a fait des droits de l'homme un élément central de la politique étrangère américaine.

- Avec la fin de la guerre froide au début des années 1990, le monde a connu des changements majeurs dans les relations internationales, notamment une attention accrue portée aux droits de l'homme. Cette période a été déterminante pour remodeler la politique internationale et attirer l'attention sur les questions relatives aux droits de l'homme.

Nos recherches mettent en évidence les principales conclusions suivantes :

Accent accru sur la démocratie et l'économie mondiale :
Après la fin de la guerre froide, les gouvernements qui sont devenus plus démocratiques ou ont accru leur participation à l'économie mondiale ont fait preuve d'un plus grand respect des droits de l'homme, notamment en ce qui concerne l'emprisonnement des citoyens pour des raisons politiques. [6]

L'impact des organisations non gouvernementales et de l'activisme transfrontalier :
La fin de la guerre froide a ouvert la voie aux organisations non gouvernementales pour diffuser les idées et les pratiques en matière de droits de l'homme à l'échelle mondiale, contribuant ainsi à la promotion internationale de ces droits.

[7]
Défis actuels en matière de droits humains :

Malgré des améliorations dans certains domaines, les violations telles que la torture, les disparitions forcées et les exécutions extrajudiciaires ont continué à se produire à peu près au même rythme après la fin de la guerre froide. [8]

Incohérences dans l'application des droits de l'homme :

La fin de la guerre froide a suscité un intérêt accru pour les droits de l'homme au niveau international. Cependant, elle a également révélé des contradictions dans l'application de ces droits, certains pays continuant à violer les droits de l'homme malgré leurs engagements internationaux. [9]

Impact culturel et idéologique :

Les idées relatives aux droits de l'homme sont devenues des facteurs influents dans la politique internationale et nationale, en particulier en Europe de l'Est. En effet, des groupes d'opposition ont commencé à y dénoncer les violations des droits de l'homme commises par leurs gouvernements.

En conclusion, la fin de la guerre froide a marqué un tournant significatif dans l'attention accordée aux droits de l'homme dans les relations internationales. Malgré des améliorations dans certains domaines, les défis et les violations ont persisté. Cependant, les organisations non gouvernementales et l'activisme transfrontalier ont joué un rôle significatif dans la diffusion et la promotion des droits de l'homme, même si des incohérences subsistent dans leur mise en œuvre.

Les conventions internationales les plus importantes et leur rôle dans l'élaboration des concepts

Les conventions internationales sont l'un des moyens les plus significatifs pour définir et façonner les idées sur les droits de l'homme et la manière dont la diplomatie peut contribuer à leur promotion. Ces conventions constituent une référence juridique internationale pour la protection et la promotion des droits de l'homme et un cadre qui guide les relations diplomatiques entre les États. Parmi ces conventions figure la Charte des Nations unies, considérée comme l'un des traités internationaux les plus importants définissant les droits de l'homme et les libertés fondamentales qui doivent être respectés. Ces conventions visent également à promouvoir le concept de justice, d'égalité et de liberté pour tous, sans discrimination fondée sur la race, la religion, le sexe ou toute autre considération.

En outre, ces chartes internationales soulignent la nécessité de respecter les droits de l'homme en toutes circonstances et dans toutes les situations, et définissent les responsabilités que les États doivent assumer envers leur population. Les diplomates doivent tenir compte de ces chartes lorsqu'ils promeuvent les droits de l'homme lors de délibérations et de négociations internationales. La compréhension de ces conventions et de leur rôle dans l'élaboration des concepts des droits de l'homme contribue à promouvoir les réformes diplomatiques et à garantir la justice et l'égalité. Car la diplomatie joue un rôle central dans l'impact des politiques internationales sur les droits de l'homme, la compréhension et l'appréciation du rôle de ces conventions servent à promouvoir les droits fondamentaux pour tous.

L'impact de la politique internationale sur les droits de l'homme

La politique internationale fournit un cadre important qui définit l'interaction entre les États et les organisations internationales sur les questions relatives aux droits humains. L'impact de la politique internationale sur les droits humains peut être à la fois source de défis et d'opportunités. Les décisions politiques prises par les gouvernements peuvent avoir un impact significatif sur les droits des individus au sein des pays et au niveau international. Certaines politiques internationales se concentrent sur la promotion et la protection des droits humains par le biais d'accords et de conventions internationaux, tels que la Déclaration universelle des droits de l'homme et les conventions des Nations unies.

En même temps, certaines politiques sont contraires aux droits de l'homme et conduisent à des violations généralisées, telles que la répression, la discrimination et les guerres civiles. [15] Pour déterminer dans quelle mesure les politiques internationales affectent les droits de l'homme, il est nécessaire de bien comprendre la dynamique internationale et les conflits d'intérêts entre les États. Les facteurs politiques, économiques et culturels jouent un rôle déterminant dans l'élaboration des politiques nationales et leur impact sur les droits humains. [16] Dans ce contexte, la diplomatie joue un rôle crucial dans la gestion de l'impact des politiques internationales sur les droits humains.

Les diplomates s'efforcent de façonner les politiques internationales pour servir les droits humains et à instaurer la justice sociale par le biais de négociations et de leur influence dans les forums et institutions internationaux. Nous ne pouvons ignorer les défis que les politiques internationales posent aux droits humains. Les intérêts des États entrent souvent en conflit avec la protection des droits de l'homme, et c'est là que le conflit entre les objectifs nationaux sous leurs différentes formes devient apparent. Pour relever ces défis, il faut influencer la formulation des politiques internationales pour préserver la moralité et l'humanité des relations internationales et contribuer à la promotion des droits de l'homme.

Le rôle de la diplomatie dans la résolution des crises des droits de l'homme

Le rôle de la diplomatie dans la résolution des crises des droits humains est l'un des plus importants sur la scène internationale, car ces crises figurent parmi les situations les plus graves auxquelles un pays peut être confronté. [19] La diplomatie est un moyen essentiel pour faire face aux crises en raison de sa capacité à utiliser des méthodes telles que la négociation, la médiation et la pression internationale pour les résoudre de manière pacifique et efficace. Assurer la protection des civils et œuvrer pour mettre fin aux violations des droits humains est un élément essentiel du rôle de la diplomatie dans la gestion des crises liées aux droits humains. [20]

Nous pouvons réaliser des progrès significatifs dans la protection des victimes et l'influence sur les parties au conflit en adoptant des stratégies diplomatiques innovantes. En outre, la diplomatie collabore avec les organisations internationales et les institutions humanitaires afin d'apporter le soutien et l'aide nécessaires aux victimes et aux personnes touchées par les crises des droits de l'homme.

La diplomatie maintient également une communication constante avec les gouvernements et les parties concernées afin de contribuer à l'élaboration de politiques et de programmes efficaces pour faire face à ces crises et empêcher leur escalade à l'avenir. Ainsi, le rôle de la diplomatie dans la résolution des crises liées aux droits humains démontre l'importance cruciale des diplomates dans la réalisation de la réconciliation et de la paix et dans la promotion des droits humains dans les communautés touchées. Dans l'ensemble, ce rôle est particulièrement évident lorsque deux méthodes sont utilisées :

- Un outil de pression : la diplomatie s'avère être un moyen efficace pour exercer des pressions sur les régimes intransigeants afin qu'ils respectent les droits de l'homme, grâce à des outils diplomatiques spécifiquement conçus pour promouvoir ces droits. [21]

- La promotion des droits humains : implique l'utilisation d'outils diplomatiques pour promouvoir ces droits à l'étranger, où les questions relatives aux droits humains peuvent être intégrées dans d'autres objectifs de politique étrangère. [22]

Principaux obstacles à la promotion des droits de l'homme par la diplomatie

La promotion des droits de l'homme par la diplomatie est essentielle mais complexe et se heurte à de nombreux défis et difficultés. La diplomatie visant à protéger et à promouvoir les droits de l'homme est confrontée à de multiples défis, notamment des contraintes politiques et culturelles, la pression des intérêts nationaux et internationaux, et la résistance de certains régimes répressifs et gouvernements autoritaires. [23] Ces défis majeurs constituent un obstacle significatif aux efforts de promotion des droits de l'homme par la diplomatie.

Il convient de noter que la promotion des droits de l'homme nécessite des partenariats internationaux efficaces et une coopération solide entre les États et les organisations internationales de défense des droits de l'homme. Par conséquent, l'essor du système international et l'intégration économique entre les États peuvent contribuer à atténuer certaines de ces difficultés et à renforcer le rôle de la diplomatie dans la promotion des droits de l'homme. Néanmoins, il reste urgent de redoubler d'efforts pour trouver un équilibre entre les intérêts nationaux et internationaux et les droits de l'homme, et de chercher à surmonter les obstacles auxquels se heurte la diplomatie dans ce domaine.

Les diplomates et les responsables de la politique étrangère devraient adopter des stratégies équilibrées et prudentes qui transcendent les difficultés politiques et culturelles qui entravent la promotion des droits de l'homme par la voie diplomatique. En outre, il est essentiel que la communauté internationale apporte le soutien nécessaire aux organisations de défense des droits de l'homme et renforce leur rôle dans la réalisation de progrès tangibles dans la promotion des droits de l'homme par la voie diplomatique.

Des efforts supplémentaires doivent être déployés pour renforcer la transparence et la responsabilité dans les relations internationales et la coopération internationale. Ainsi, il sera possible de relever les défis et surmonter les obstacles qui entravent le rôle de la diplomatie dans la promotion des droits de l'homme. Les États et la communauté internationale doivent œuvrer dans un esprit de coopération et adhérer aux valeurs humaines universelles afin de relever les défis majeurs et de renforcer le rôle de la diplomatie comme moyen efficace de promouvoir les droits de l'homme dans le monde entier.

Exemples d'interactions entre les diplomates et les organisations de défense des droits de l'homme

L'interaction entre les diplomates et les organisations de défense des droits de l'homme est un aspect fondamental de la recherche de la justice et de la protection des droits de l'homme aux niveaux national et international. Depuis des décennies, des organisations indépendantes de défense des droits de l'homme et des organisations internationales s'efforcent de les surveiller et de sensibiliser à leur importance. [25] Dans ce contexte, la diplomatie a collaboré étroitement avec ces organisations afin de soutenir la protection des droits de l'homme et de promouvoir la justice sociale.

L'importance des interactions entre les diplomates et les

organisations de défense des droits de l'homme est évidente dans l'impact effectif qu'elles peuvent avoir sur les politiques internationales et la législation nationale dans le domaine des droits de l'homme. Les diplomates peuvent transmettre ces préoccupations et ces défis aux plus hauts niveaux officiels au sein des gouvernements et des institutions internationales. Ce faisant, ils favorisent les mesures et les politiques qui protègent les droits de l'homme et œuvrent à la réalisation de la justice sociale. D'autre part, les organisations de défense des droits de l'homme fournissent le soutien et les informations nécessaires [27] pour permettre aux diplomates de mieux comprendre les problèmes d's et les violations potentielles des droits de l'homme, leur permettant ainsi d'orienter leurs efforts et leurs initiatives de manière plus efficace.

Ces organisations fournissent également le soutien nécessaire dans le domaine de la documentation et des preuves, ce qui contribue à soutenir les campagnes diplomatiques. L'intervention de nombreuses ambassades et missions diplomatiques pour défendre les défenseurs des droits humains persécutés, les soutenir et les protéger contre le harcèlement et les arrestations illégales constitue un exemple concret d'interaction efficace entre les diplomates et les organisations de défense des droits humains. En outre, de nombreuses réunions et conférences internationales témoignent d'une coopération fondée sur la confiance et la compréhension entre les diplomates et les organisations de défense des droits de l'homme afin de discuter des moyens d'améliorer la situation de ces droits dans divers pays. En conclusion, les interactions entre les diplomates et les organisations de défense des droits de l'homme semblent faire partie intégrante du processus de soutien à ceux-ci et de promotion de la justice.

Cette coopération est l'un des piliers de l'établissement de relations internationales durables fondées sur le respect des droits fondamentaux de tous les êtres humains.

Le rôle de la coopération internationale dans la promotion des droits humains

La coopération internationale joue un rôle essentiel dans la promotion des droits de l'homme à travers le monde. La coordination des efforts entre les États et les organisations internationales renforce l'impact et l'efficacité de la protection des droits de l'homme. Cette coopération vise à promouvoir les normes internationales en matière de droits de l'homme et à garantir leur respect dans le monde entier. Elle comprend des actions conjointes dans des domaines tels que les libertés fondamentales, la protection des groupes vulnérables et la lutte contre la persécution et la discrimination.

La coopération internationale sensibilise à l'importance des droits de l'homme et à leur rôle dans la construction de sociétés fortes et prospères. Elle contribue également à la création de lois et de systèmes internationaux qui protègent et font respecter les droits de l'homme. La coopération internationale nécessite un consensus entre les États et l'échange de connaissances et d'expertise afin d'atteindre des objectifs communs dans le domaine des droits de l'homme. En coordonnant les efforts et en apportant un soutien mutuel, la coopération internationale peut obtenir des résultats positifs et durables dans la protection des droits de l'homme à l'échelle mondiale.

Cadres juridiques et leur impact sur la politique diplomatique

Les cadres juridiques comptent parmi les facteurs les plus importants qui influencent les politiques diplomatiques liées aux droits de l'homme. Ces cadres constituent la base des interactions et des efforts conjoints entre les États et les organisations internationales pour promouvoir et protéger les droits de l'homme par la voie diplomatique. L'adoption et le respect de ces cadres juridiques reflètent l'engagement des États à respecter les principes fondamentaux des droits de l'homme dans le contexte des relations internationales.

L'un des principaux aspects est l'impact des cadres juridiques sur la formulation des relations diplomatiques entre les États. Ainsi, ces cadres juridiques définissent les voies possibles de coopération internationale dans le domaine des droits de l'homme et identifient les mécanismes possibles de négociation et de coopération. Par exemple, ces cadres juridiques définissent les obligations des États membres de l'Union européenne en matière de droits de l'homme.

En outre, les cadres juridiques servent de base à la responsabilisation. Ainsi, les États s'engagent à mettre en œuvre et à respecter les lois relatives aux droits de l'homme et à rendre compte régulièrement de ces engagements. L'engagement envers les cadres juridiques peut être une motivation pour élaborer des stratégies diplomatiques efficaces. Celles-ci visent à soutenir les droits de l'homme au niveau international, à l'exception des questions économiques et de l'interprétation de la justice sociale dans les États libéraux. Celles-ci constituent souvent une contradiction qui rend les engagements dénués de sens.

Recommandations pour renforcer la relation entre la diplomatie et les droits de l'homme à l'avenir

Nous pouvons nous appuyer sur l'expérience acquise pour formuler des recommandations visant à renforcer les relations entre la diplomatie et les droits de l'homme à l'avenir. Le rôle que jouent les États sur la scène internationale a un impact significatif sur le développement et la promotion du concept des droits de l'homme. Il est donc essentiel de renforcer la coopération internationale et d'améliorer la coordination entre les États afin de protéger les droits de l'homme.

Il convient d'investir sérieusement dans l'amélioration des capacités diplomatiques liées aux droits de l'homme, que ce soit par le développement de programmes de formation spécialisés ou celui de cadres diplomatiques spécialisés dans les questions relatives aux droits de l'homme. Il convient également d'envisager de renforcer la coordination entre les diplomates et les institutions et organisations de défense des droits de l'homme. Cela permettrait d'assurer l'échange d'informations et d'expertise et la prise de mesures conjointes pour atteindre des objectifs communs. Dans ce contexte, il est également important d'encourager le rôle de la société civile dans la promotion des droits de l'homme et la contribution à la formulation des politiques diplomatiques connexes.

En outre, la technologie peut être un allié puissant dans la promotion des droits de l'homme si elle peut être utilisée pour surveiller les violations, documenter les cas et sensibiliser le public à ces questions. La diplomatie devrait adopter la technologie de manière positive et efficace afin d'atteindre les objectifs en matière de droits de l'homme. En fin de compte, nous devons garder à l'esprit que les droits de l'homme sont avant tout une affaire humanitaire avant d'être une affaire diplomatique, et que les diplomates et les décideurs doivent œuvrer avec sérieux à la promotion de ces valeurs et principes fondamentaux.

Références

La relation entre la diplomatie et les droits de l'homme

[1] Yücel, Zeynep. « DE LA LOI NATURELLE AUX DÉCLARATIONS UNIVERSELLES : IMPLICATIONS POUR LES TRAITÉS INTERNATIONAUX RELATIFS AUX DROITS DE L'HOMME ET LA RESPONSABILITÉ DE PROTÉGER ». Journal of Management and Economics Research 21, n° 4 (janvier 2024) : 54-87. https://doi.org/10.11611/yead.1307685

[2] Rinaldi, Alberto. « La construction des droits humains internationaux : les années 1960, la décolonisation et la reconstruction des valeurs mondiales ». Nordic Journal of Human Rights 40 (2022) : 588-590.

[3] Grealy, David, et J. Gaskarth. « Human Rights and British Foreign Policy : Case Studies in Middle Power Diplomacy ». Cambridge Review of International Affairs 36 (2023) : 467-73.

[4] Ibid.

[5] Keys, B. « De quoi se vanter : l'enthousiasme occidental pour la diplomatie des droits humains de Carter », 2016.

[6] David Cingranelli et David L. Richards, « Respect for Human Rights after the End of the Cold War » (Le respect des droits de l'homme après la fin de la guerre froide). Journal of Peace Research, 36 (1999) : 511-534. https://doi.org/10.1177/0022343399036005002.

[7] Mark Goodale, « Vers une anthropologie critique des droits de l'homme ». Current Anthropology, 47 (2006) : 485-511. https://doi.org/10.1086/503061.

[8] R. Foot. « The Cold War and human rights » (La guerre froide et les droits de l'homme). (2010) : 445-465. https://doi.org/10.1017/CHOL9780521837217.022.

[9] R. Brier, « Broadening the Cultural History of the Cold War : the Emergence of the Polish Workers' Defence Committee and the Rise of Human Rights ». (Élargir l'histoire culturelle de la guerre froide : l'émergence du Comité de défense des travailleurs polonais et l'essor des droits de l'homme). Journal of Cold War Studies, 15 (2013) : 104-127. https://doi.org/10.1162/JCWS_a_00396.

[10] Ibid.

[11] Yücel, Zeynep. « A Historical Framework for the Concept of Human Rights » (Cadre historique du concept des droits de l'homme). Yönetim ve Ekonomi Araştırmaları Dergisi, 2023.

[12] Papastamou, Andreas. « Diplomatie économique et droits de l'homme : à la recherche d'un cadre démocratique ». Rocznik Administracji Publicznej, 2022.

[13] Makhija, Heena. « L'Inde et la diplomatie des droits de l'homme aux Nations unies : le discours sur la torture ». Jadavpur Journal of International Relations 26 (2022) : 208-26.

[14] Fitria, Naeli. « Explorer l'impact des droits de l'homme sur les relations diplomatiques : une analyse comparative des interactions entre États ». COMSERVA : Jurnal Penelitian Dan

Pengabdian Masyarakat, 2023.

[15] Anupama Ghosal et Sreeja Pal. « La politique de la diplomatie des droits de l'homme ». Jadavpur Journal of International Relations, 25 (2020) : 101-123. https://doi.org/10.1177/0973598420943437.

[16] Les régimes qui violent les droits de l'homme ont tendance à provoquer une instabilité internationale, ce qui rend légitime le souci des droits de l'homme en raison de son impact sur les relations internationales. Les outils de politique étrangère, les organisations non gouvernementales, le monde des affaires et les médias jouent tous un rôle dans la promotion des droits de l'homme et la résolution des crises, les Nations unies jouant un rôle crucial.

R. Mullerson, « Human Rights Diplomacy » (1997). https://doi.org/10.4324/9781315005188.

[17] Coopération internationale : les questions relatives aux droits de l'homme peuvent inciter les pays à établir une coopération internationale, comme ce fut le cas en Afrique du Sud pendant l'apartheid, où les droits de l'homme ont joué un rôle majeur dans l'amélioration des relations diplomatiques et la transition vers un système démocratique. Voir :

Naeli Fitria. « Exploring the Impact of Human Rights on Diplomatic Relations : A Comparative Analysis of State Interactions » (Explorer l'impact des droits de l'homme sur les relations diplomatiques : une analyse comparative des interactions entre États). COMSERVA : Jurnal Penelitian dan Pengabdian Masyarakat (2023). https://doi.org/10.59141/comserva.v3i1.755.

[18] Les questions commerciales et de sécurité nationale priment souvent sur celles relatives aux droits humains dans la formulation de la politique étrangère, ce qui conduit à

ignorer les violations des droits humains au profit du respect de la souveraineté et de la non-ingérence, même si la diplomatie a le pouvoir de faire pression sur les régimes voyous pour qu'ils les respectent. Voir :

Source citée. (Anupama Ghosal et Sreeja Pal, 2020)

[19] Thuzar, M. « Myanmar and the Responsibility to Protect : Principles, Precedents, and Practicalities ». Journal of International Peacekeeping, 2023.

[20] Rashid, Sid. « Diplomatie préventive, médiation et responsabilité de protéger en Libye : une occasion manquée pour le Canada ? » International Mediation in a Fragile World 19 (2013) : 39-52.

[21] Anupama Ghosal et Sreeja Pal. (2020) : source citée ci-dessus.

[22] R. Mullerson. « Human Rights Diplomacy ». (La diplomatie des droits de l'homme). (1997). https://doi.org/10.4324/9781315005188.

[23] Bakke, Kristin M., Neil J. Mitchell et Hannah M. Smidt. « When States Crack Down on Human Rights Defenders » (Quand les États répriment les défenseurs des droits de l'homme). International Studies Quarterly, 2019.

[24] Alston, Philip. « The Populist Challenge to Human Rights » (Le défi populiste aux droits de l'homme). Journal of Human Rights Practice 9 (2017) : 1-15.

[25] Amores, Recalde et C. Veronica. « Intégrer une perspective de genre et une approche fondée sur les droits humains dans les institutions : évaluation des politiques et pratiques en matière d'égalité des genres du Haut-Commissariat des Nations Unies aux droits de l'homme (HCDH) », 2013.

[26] La diplomatie des droits humains inclut le rôle des ambassadeurs, des micro-États, de l'Union européenne et de

divers organes des Nations Unies, ainsi que celui des organisations non gouvernementales et des institutions nationales des droits humains. Voir :

Amrei Mueller, Michael O'Flaherty, Zdzisław Kędrzia et G. Ulrich, « Human rights diplomacy : contemporary perspectives » (La diplomatie des droits de l'homme : perspectives contemporaines). (2011). https://doi.org/10.1163/EJ.9789004195165.I-301

[27] Meier, B., Dabney, P., Evans, M., Kavanagh, J., Keralis et Gabriel Armas-Cardona. « Human Rights in Public Health ». (Les droits de l'homme dans la santé publique). HHealth and Human Rights: An International Journal, volume 20, 2018, pages 85-91.

[28] Amrei Mueller, Michael O'Flaherty Zdzisław Kędziast G. Ulrich. (2011) Source citée.

[29] Amores, Recalde et C. Veronica. 2013. SoSource citée dans la référence [29].

[30] Bartels, L. « Les obligations de l'UE en matière de droits de l'homme dans le cadre des politiques ayant des effets extraterritoriaux ». European Journal of International Law 25 (2014) : 1071-91.

[31] Nolan, A. et J. P. Bohoslavsky. « Human Rights and Economic Policy Reforms ». International Journal of Human Rights 24 (2020) : 1247-1257.nInternational Journal of Human Rights, volume 24, année 2020, pages 1247 à 1267.

5
La diplomatie comme outil de défense des droits de l'homme

Introduction sur l'importance de la diplomatie dans la défense des droits de l'homme

La diplomatie est l'un des moyens les plus cruciaux de négociation et d'influence entre différents pays et sociétés, et elle revêt une importance considérable pour la préservation et la promotion des droits de l'homme. Elle constitue le principal outil de défense des valeurs de justice, de liberté et d'égalité dans le domaine des conflits et des négociations internationaux. La diplomatie repose sur un ensemble de principes et de fondements qui lui permettent de contribuer à l'équilibre et à la compréhension entre les parties en conflit et de progresser vers des solutions pacifiques.

Cette recherche explore des notions fondamentales telles que celle des relations internationales et leurs objectifs, le rôle des négociations diplomatiques dans la réalisation de la stabilité et de la paix internationale, et la coopération entre les États pour promouvoir les droits de l'homme. Soulignez l'importance des outils diplomatiques, car ils jouent un rôle essentiel dans la réalisation de l'équilibre et de la justice au sein d'une communauté internationale qui repose sur l'interaction et la coopération entre différents États et peuples. Cette étude montre que la diplomatie n'est pas seulement un mécanisme de résolution des conflits internationaux, mais également un moyen efficace de défendre les droits de l'homme et de promouvoir les valeurs de justice et de liberté.

Concepts fondamentaux : les fondements et les principes de la diplomatie

La diplomatie est un fondement essentiel des relations internationales. C'est un art et une science qui visent à réguler la communication et l'interaction entre les États et les sociétés. Le secret du succès de la diplomatie réside dans sa capacité à atteindre des intérêts et des objectifs communs sans provoquer de conflit ni de confrontation. Ces concepts reposent donc sur un ensemble de valeurs fondamentales, telles que l'honnêteté, la clarté et le respect mutuel entre les parties impliquées dans le processus diplomatique.

La diplomatie doit être fondée sur les principes des droits de l'homme, qui exigent le respect de la dignité humaine et des droits fondamentaux de tous les individus, indépendamment de toute considération politique ou économique. Sur cette base, la diplomatie cherche à promouvoir la paix, la sécurité et la justice sociale par la négociation, la compréhension et la coopération.

Les concepts et principes diplomatiques sont des outils efficaces pour maintenir la paix mondiale, parvenir à un équilibre international et protéger les droits et libertés primordiaux. Par conséquent, les nobles objectifs humanitaires des relations internationales et de la coopération bilatérale sont liés au concept de diplomatie dans la défense des droits de l'homme.

La coopération bilatérale et son impact sur la promotion des droits fondamentaux

Lorsque nous discutons de la coopération bilatérale entre les États dans le contexte des droits de l'homme, nous nous inspirons d'un concept bien établi dans la diplomatie moderne. [1] La coopération bilatérale est considérée comme l'un des moyens les plus importants de promouvoir et de protéger les droits de l'homme au sein de la communauté internationale. L'essence de la coopération bilatérale réside dans le partenariat entre les États pour échanger leur expertise et leurs expériences dans le domaine de la promotion des droits fondamentaux pour tous. Elle reflète l'esprit de solidarité et de coopération entre les États et renforce les efforts conjoints visant à améliorer les conditions humanitaires dans le monde entier.

Cette coopération, qui s'étend à divers domaines, a un impact positif et tangible sur la promotion des droits impératifs. En examinant les expériences réussies, nous comprenons comment les pays participant à cette coopération peuvent mener des politiques et des programmes communs axés sur la promotion des droits civils, politiques, économiques, sociaux et culturels de tous les membres de la société. Une action bilatérale efficace démontre également l'importance de la coopération dans l'élaboration de lois et de réglementations internes qui garantissent la protection et le respect des droits humains et des libertés. Elle entraîne des transformations tangibles dans le système des droits humains aux niveaux national, régional et international.

D'autre part, la coopération bilatérale démontre également

la puissance du partenariat dans la résolution des défis complexes auxquels les États peuvent être confrontés en matière de droits de l'homme. Grâce à l'échange d'expériences et à la coopération dans des domaines tels que la recherche de la justice et la réforme du système juridique, les pays engagés dans une telle coopération peuvent efficacement relever les défis communs et réaliser des progrès significatifs dans la promotion des droits de l'homme et la lutte contre l'injustice et l'oppression. La coopération bilatérale est donc un moyen crucial et utile de protéger les droits de l'homme et d'œuvrer en faveur d'une paix et d'un développement durables.

Le rôle des traités et accords internationaux dans la promotion des droits humains

Depuis l'Antiquité, les traités internationaux ont eu une influence significative sur l'établissement des relations entre les nations et la définition des droits et obligations mutuels des États. L'application et la garantie des principes des droits de l'homme nécessitent des accords internationaux solides et efficaces qui assurent l'engagement envers ces principes au niveau mondial. [5] Le Pacte international des Nations Unies relatif aux droits économiques, sociaux et culturels et celui relatif aux droits civils et politiques comptent parmi les documents internationaux les plus importants qui promeuvent les droits de l'homme et jettent les bases de la coopération mondiale dans ce domaine.

L'engagement des États à respecter les dispositions de ces traités représente une mesure efficace pour promouvoir les droits de l'homme et offrir une protection plus pertinente aux individus, tant à l'intérieur des frontières de chaque État que dans le contexte de la coopération et de l'interaction internationales. [6] En outre, les traités et conventions internationaux peuvent contribuer à promouvoir le dialogue et la compréhension internationaux sur les questions relatives aux droits de l'homme et à fournir un cadre juridique explicite pour leur protection.

L'engagement envers ces traités contribue à établir des ponts de confiance entre les États et à trouver un équilibre entre la souveraineté nationale et la responsabilité internationale en matière de droits de l'homme. Ainsi, les traités et accords internationaux jouent un rôle essentiel et nécessaire dans le soutien et la promotion des droits de l'homme aux niveaux national et international.

Le dialogue diplomatique et son rôle dans la résolution des différends relatifs aux droits de l'homme

Dans le domaine diplomatique, le dialogue est un mécanisme efficace pour résoudre les différends relatifs aux droits de l'homme. Le dialogue est fondamental pour orienter les efforts vers la recherche de solutions durables et justes à des différends complexes qui touchent les sociétés et les individus. La mission de la diplomatie est de promouvoir les valeurs de justice et les droits indispensables, ce qui signifie qu'elle doit considérer le dialogue comme un outil essentiel pour atteindre ces objectifs. Le dialogue diplomatique sert deux objectifs nécessaires : trouver un équilibre entre les différentes parties en conflit et atteindre l'objectif de protection des droits de l'homme.

Au cours des dialogues, les diplomates soulignent l'importance d'un dialogue ouvert et d'une coopération pour trouver des solutions qui préservent la dignité et les droits des individus. Ils s'efforcent également de promouvoir la paix et la stabilité, qui sont les fondements de la réalisation des droits de l'homme. Ce phénomène met en évidence le rôle du dialogue diplomatique dans la désescalade des conflits et la conclusion d'accords qui répondent aux aspirations des communautés et préservent leurs droits fondamentaux.

En outre, il démontre le rôle du dialogue dans l'engagement de la communauté internationale dans son ensemble à soutenir les causes humanitaires. Il montre aussi son importance dans la promotion de l'échange d'idées et d'expériences afin de parvenir à des changements positifs dans le domaine des droits de l'homme. Au fil du temps, il est devenu nécessaire de maximiser l'utilisation du dialogue diplomatique. Cela permet de parvenir à un équilibre positif dans les relations internationales et de contribuer à la réalisation de la justice et de la paix qui favorisent les droits de l'homme.

Succès diplomatiques notables dans le domaine des droits de l'homme

Dans certains cas, les efforts diplomatiques ont conduit à des succès notables dans le domaine des droits de l'homme. Il est fascinant d'observer l'utilisation efficace de la diplomatie pour défendre les droits de l'homme et apporter des changements positifs. Plusieurs études de cas peuvent être citées pour mettre en évidence des succès spécifiques à travers le monde. Ces études peuvent inclure des cas de droits de l'homme traités grâce à une intervention diplomatique, ainsi que des efforts politiques et diplomatiques visant à instaurer la justice et à protéger les droits fondamentaux des individus et des communautés. La question de la discrimination raciale en Afrique du Sud, où la pression internationale a conduit à la fin du système odieux de l'apartheid, en est un exemple.

Les efforts internationaux concernant la question palestinienne, ainsi que le rôle de la diplomatie dans l'influence de la situation humanitaire dans les territoires occupés, peuvent également être considérés comme un exemple frappant, malgré les obstacles qui ont empêché de mettre fin à l'agression israélienne sur Gaza, alors que le nombre de victimes augmentait à un rythme alarmant. Nous pouvons ainsi examiner le rôle de la diplomatie dans la promotion des droits de l'homme lors d'interventions humanitaires visant à mettre fin aux violations et à fournir une assistance. En outre, la recherche peut porter sur des cas de droits de l'homme dans lesquels la diplomatie a réussi à résoudre ou a permis des progrès tangibles dans l'amélioration des conditions des droits de l'homme. L'État du Qatar a une longue et brillante expérience dans ce domaine.

D'une manière générale, l'analyse des succès diplomatiques spécifiques démontre l'importance de ces efforts pour défendre les droits de l'homme, rendre justice et promouvoir les principes humanitaires dans le monde entier.

Défis et obstacles auxquels sont confrontés les diplomates

Dans le domaine de la diplomatie, les diplomates sont confrontés à de multiples défis et obstacles dans la défense des droits de l'homme. La scène diplomatique est un environnement international complexe imprégné de conflits politiques, économiques et sociaux. Chaque pays a sa propre histoire, sa propre culture et ses propres priorités, ce qui ajoute à la diversité et à la complexité de la tâche des diplomates dans le traitement des questions relatives aux droits de l'homme.

L'un des principaux défis auxquels sont confrontés les diplomates est la pression exercée par les intérêts politiques et économiques étrangers, car ils se trouvent tiraillés entre leur engagement à protéger les droits humains et le maintien de relations internationales vitales. Cette contradiction les place dans une position complexe, où ils doivent trouver un équilibre entre leur engagement envers des valeurs et des principes et les intérêts nationaux et internationaux.

En outre, les diplomates sont confrontés à des défis pour recueillir et vérifier les informations, en particulier lorsqu'ils traitent avec des pays qui manquent de transparence ou qui diffusent des informations erronées. Ils ont également des difficultés à s'exprimer de manière efficace et efficiente sur les questions relatives aux droits de l'homme sur la scène internationale et nationale, où les dynamiques politiques et culturelles sont en constante évolution. [10]

Le manque de soutien politique et financier de la part des gouvernements locaux et internationaux constitue également un défi majeur pour les diplomates dans leurs efforts continus pour soutenir et protéger les droits de l'homme. Sans un soutien politique et diplomatique suffisant, ils peuvent se retrouver dans une position de faiblesse, incapables d'exercer une influence efficace. [11] Pour relever ces défis, les diplomates doivent posséder d'excellentes compétences en matière de négociation et de persuasion, être capables de gérer la pression et de respecter l'éthique et les valeurs diplomatiques dans leurs actions. Une telle entreprise exige un esprit fort et une volonté de relever les défis avec détermination et confiance.

L'influence réciproque entre la politique intérieure et la diplomatie

L'influence réciproque entre la politique intérieure et la diplomatie est une question complexe qui mérite une réflexion approfondie et une analyse minutieuse. Les politiques intérieures des États influencent fortement la diplomatie, et les relations diplomatiques avec d'autres États influencent pareillement la politique intérieure. Si l'on examine la relation entre la politique intérieure et la diplomatie du point de vue des droits de l'homme, on constate qu'il existe une influence mutuelle entre les deux. Celle-ci peut affecter le sort des droits et des libertés dans les États.

La politique intérieure des États doit être étudiée avec soin pour comprendre comment la diplomatie peut être efficace dans la protection des droits de l'homme, car les décisions diplomatiques sont souvent le résultat direct des politiques intérieures des États. En même temps, les relations internationales et la diplomatie peuvent également influencer la formulation des politiques intérieures, notamment par le biais de pressions internationales visant à respecter les droits de l'homme et à améliorer les politiques intérieures à cet égard. [14]

La diplomatie peut donc être un mécanisme efficace pour

transférer la pression et la surveillance internationales vers les politiques nationales des États dans le but d'améliorer et de garantir le respect des droits de l'homme. Cela met en évidence le rôle de la politique nationale et de la diplomatie dans la construction d'un partenariat solide pour la défense des droits de l'homme. Cela souligne aussi la nécessité de comprendre cette influence mutuelle afin de garantir la réalisation des objectifs humanitaires dans les politiques nationales et les décisions diplomatiques.

L'efficacité des organisations de défense des droits de l'homme comme partenaires dans la diplomatie

Les organisations de défense des droits de l'homme sont un élément essentiel du système international de protection de ces droits. Elles surveillent et évaluent la situation et signalent les violations des droits de l'homme dans différents pays. [16] En outre, ces organisations interviennent et jouent un rôle de médiation auprès des gouvernements et des autorités compétentes afin de corriger les situations et de protéger les victimes. Ces organisations sont des partenaires importants pour les diplomates dans la recherche de la justice et le respect des droits de l'homme sur le terrain.

Les diplomates doivent travailler en coordination et en coopération avec ces organisations dans le but de garantir la protection des droits humains aux niveaux national et international. Une partie du rôle des organisations de défense des droits humains comme partenaires diplomatiques consiste à faire pression et à influencer les États et la communauté internationale afin qu'ils adoptent des lois et des résolutions qui protègent et promeuvent les droits humains. [17]

Leur rôle ne se limite pas à la surveillance et à l'établissement de rapports. Cependant, il comprend également la fourniture d'expertise et de conseils aux diplomates afin d'atteindre les objectifs en matière de droits humains sur le terrain. Il est essentiel de souligner l'importance d'intégrer les efforts des organisations de défense des droits humains à ceux des diplomates pour garantir le respect et l'application de ces droits dans le monde entier.

Évaluer la diplomatie comme mécanisme efficace de défense des droits

L'étude et les analyses présentées dans cette recherche démontrent que la diplomatie est un mécanisme très efficace pour soutenir et défendre les droits de l'homme. Compte tenu des défis importants auxquels est confrontée la communauté internationale, la diplomatie peut jouer un rôle de premier plan dans la promotion et la protection des droits de l'homme. La multitude de questions soulevées par les organisations internationales dans le contexte des droits de l'homme souligne l'importance d'une approche diplomatique pour traiter ces questions de manière cohérente et efficace. Cela met en évidence le rôle de la diplomatie comme l'un des principaux outils pour façonner les politiques mondiales en matière de droits de l'homme. Il convient de souligner que la réalisation des droits de l'homme est difficile et que les efforts diplomatiques sont souvent confrontés à de sérieux défis qui doivent être relevés avec sagesse et patience.

Néanmoins, la diplomatie reste essentielle pour apporter

des solutions et des recommandations qui contribuent à la réalisation des intérêts en matière de droits de l'homme. Dans ce contexte, il est également essentiel de reconnaître l'impact des environnements culturels et sociaux sur la compréhension et l'interprétation des droits de l'homme, ce qui nécessite une approche diplomatique multidirectionnelle et diversifiée afin de garantir la cohérence des principes internationaux en matière de droits de l'homme. On peut donc affirmer avec certitude que la diplomatie a une responsabilité importante dans l'inscription des droits de l'homme à l'ordre du jour mondial et dans les efforts nécessaires pour garantir la réalisation de ces droits sur le terrain.

Références

La diplomatie comme outil de défense des droits humains

[1] Al-Mansouri, Fatima. L'impact de la coopération bilatérale sur les droits humains fondamentaux. Le Caire : Rights Publication, 2019.

[2] Smith, John. La coopération internationale en matière de droits humains : stratégies pour renforcer les droits fondamentaux. New York : Human Rights Press, 2020.

[3] Brandon J. Kinne, « Network Dynamics and the Evolution of International Cooperation ». American Political Science Review, 107 (2013) : 766-785. https://doi.org/10.1017/S0003055413000440

[4] C. Bodea et Fangjin Ye. « Investor Rights versus Human Rights : Do Bilateral Investment Treaties Tilt the Scale ? » British Journal of Political Science, 50 (2018) : 955-977. https://doi.org/10.1017/S0007123418000042

[5] Johnson, Emily. International Treaties and Human Rights : A Comprehensive Overview. Londres : Global Rights Publishing, 2021.

[6] Abu Zaid, Omar. Accords relatifs aux droits humains : leur impact et leur mise en œuvre. Beyrouth : Middle Eastern Studies Press, 2018.

[7] Lane, Lottie. « Atténuer les crises humanitaires lors de conflits armés non internationaux : le rôle des droits de l'homme et des accords de cessez-le-feu ». Journal of International Humanitarian Action 1 (2016).

[8] Les questions relatives aux droits de l'homme ont fortement influencé les relations diplomatiques de l'Afrique du Sud pendant et après l'apartheid, conduisant à la transition d'un régime oppressif vers un régime démocratique et à un soutien accru des États-Unis. Voir :

Naeli Fitria. « Explorer l'impact des droits de l'homme sur les relations diplomatiques : une analyse comparative des interactions entre États ». COMSERVA : Jurnal Penelitian dan Pengabdian Masyarakat (2023). https://doi.org/10.59141/comserva.v3i1.755.

[9] L'Union européenne coopère avec les pays du BRICS sur les questions relatives aux droits de l'homme. Cependant, la poursuite d'objectifs communs reste difficile en raison des différences entre les structures politiques et les conceptions de la protection des droits de l'homme.

Francisca Costa Reis, Weiyuan Gao et Vineet Hegde. « L'engagement de l'UE avec les puissances étrangères en matière de droits de l'homme ». L'Union européenne et les droits de l'homme (2020). https://doi.org/10.1093/OSO/9780198814191.003.0013.

[10] Bakke, Kristin M., Neil J. Mitchell et Hannah M. Smidt. 2019. Source citée.

[11] Alston, Philip. (2017). Source citée.

[12] Putnam, R. « Diplomacy and Domestic Politics: The Logic of Two-Level Games ». International Organisation 42

(1988) : 427-60.

[13] Jamie J. Gruffydd-Jones. « Citoyens et condamnation : utilisations stratégiques de la pression internationale en matière de droits humains dans les États autoritaires ». Études politiques comparatives, 52 (2018) : 579-612. https://doi.org/10.1177/0010414018784066.

[14] Certains estiment que la sortie de la Grande-Bretagne de l'Union européenne pourrait entraîner des lacunes importantes dans la diplomatie britannique en matière de droits humains internationaux, à moins que cette question ne soit traitée. Voir :

Rhona K. M. Smith, Conall Mallory et Seán Molloy. « La diplomatie des droits humains au Conseil des droits de l'homme des Nations unies après le Brexit : opportunité ou sujet de préoccupation ? » The International Journal of Human Rights, 24 (2020) : 414-438. https://doi.org/10.1080/13642987.2019.1645130.

[15] Dasandi, N. « Donateurs d'aide étrangère, acteurs nationaux et violations des droits humains : la politique et la diplomatie de l'opposition à la loi anti-homosexualité en Ouganda ». Journal of International Relations and Development 25 (2022) : 657-84.

[16] Les ONG peuvent fournir des informations et des recommandations précieuses aux diplomates et aux décideurs politiques sur les questions relatives aux droits humains. Voir :

Zhang, Dechun et Ahmed Bux Jamali. « Le vaccin « militarisé » de la Chine : l'imbrication entre politique internationale et politique nationale ». East Asia 39 (2022) : 279-96.

[17] Les principales stratégies utilisées par les ONG de défense des droits humains comprennent la dénonciation publique des auteurs de violations de ceux-ci, le plaidoyer, le

partage d'informations et la coopération avec les gouvernements. Voir :

Murdie, Amanda, D. R. Davis et Baekkwan Park. « Advocacy Output : Automated Coding Documents from Human Rights Organisations » (Résultats des actions de plaidoyer : codage automatisé des documents des organisations de défense des droits humains). Journal of Human Rights 19 (2020) : 83-98.

6
Organisations internationales et l'élaboration des normes en matière de droits humains

L'importance des organisations internationales dans la gouvernance des droits humains

Les organisations internationales constituent une plateforme importante pour la promotion et la protection des droits de l'homme à l'échelle mondiale. Elles s'efforcent d'élaborer et d'adopter des normes et des lois, de contrôler leur respect et d'apporter leur soutien et leur assistance aux États dans la promotion des droits de l'homme sur leur territoire. Le rôle des organisations internationales est fondamental pour sensibiliser à l'importance des droits de l'homme et à la nécessité de les respecter en tout temps et en toutes circonstances.

L'existence de ces organisations contribue à diffuser une culture des droits de l'homme et à approfondir leur compréhension au niveau international. L'action conjointe des États et de ces organisations contribue également à trouver des solutions globales et durables aux problèmes liés aux droits de l'homme qui peuvent poser des défis internationaux.

En outre, la documentation et la diffusion d'informations et de rapports sur les violations des droits de l'homme jouent un rôle crucial dans l'amélioration des conditions et la mise en cause de la responsabilité des auteurs de ces violations. Grâce à leurs efforts conjoints avec les États, les organisations internationales acquièrent une voix forte qui sert à défendre les droits de l'homme sous toutes leurs formes. Grâce à l'interaction et à la coopération continues entre ces organisations et les États, des progrès significatifs peuvent être réalisés dans le domaine de la gouvernance des droits de l'homme au niveau international.

Cadres historiques de l'implication des organisations internationales dans les droits humains

Les organisations internationales ont commencé à intervenir à grande échelle dans le domaine des droits de l'homme au lendemain de la Seconde Guerre mondiale. À l'époque, elles ont en effet pris conscience de la nécessité urgente de protéger les populations contre les massacres et les violations généralisées dont le monde avait été témoin pendant cette guerre sanglante. À ce tournant, les organisations internationales ont commencé à mettre en place un cadre juridique international visant à protéger les droits de l'homme et à promouvoir les valeurs de justice et d'humanité.

À la suite de la Déclaration universelle des droits de l'homme des Nations unies de 1948, les organisations internationales ont commencé à travailler à la rédaction d'une charte qui garantirait la protection des droits de l'homme au niveau mondial. Cette période a marqué le début du développement de l'implication des organisations internationales dans le domaine des droits de l'homme et la mise en place d'un cadre juridique visant à garantir le respect et la consolidation de ces droits. Par la suite, la communauté internationale a publié de nombreuses conventions et traités visant à protéger les droits de l'homme et à lutter contre les violations horribles subies par les peuples et les individus. [1]

L'influence de ces organisations sur la scène internationale s'est également accrue. En effet, elles ont commencé à jouer un rôle clé dans la mobilisation de l'opinion publique internationale et dans l'orientation des politiques nationales et mondiales en matière de droits de l'homme. Au fil du temps, ces organisations ont gagné en puissance et en influence. Elles ont ainsi acquis des pouvoirs plus étendus pour surveiller le respect des droits humains et intervenir dans les conflits internationaux dans le but de protéger les civils et de rendre justice sur le plan humanitaire. Dans ce contexte, les cadres historiques de l'intervention des organisations internationales dans le domaine des droits humains sont importants. Par conséquent, ils constituent une référence nécessaire pour comprendre les débats actuels sur le rôle de ces organisations et orienter les efforts futurs visant à promouvoir et à protéger les droits humains aux niveaux international et régional.

Les Nations unies jouent un rôle de premier plan dans l'établissement des normes internationales en matière de droits de l'homme

Les Nations Unies sont reconnues pour leur rôle de premier plan dans la formulation et l'élaboration des normes internationales en termes de droits de l'homme. Elles jouent en particulier un rôle central dans la coordination des efforts mondiaux visant à souligner l'importance du respect et de la promotion des droits de l'homme. Les Nations Unies ont été fondées dans le but de promouvoir la coopération internationale, la paix mondiale et les droits de l'homme, et la formulation de la Charte des Nations Unies, qui les définit, était l'un de leurs principaux objectifs. Les Nations Unies ont mis en place une multitude de programmes et de systèmes visant à protéger et à promouvoir les droits de l'homme dans le monde entier en réponse aux problèmes du monde moderne. [3]

L'une des initiatives les plus notables a été la création du Haut-Commissariat des Nations Unies aux droits de l'homme, qui surveille le respect de ceux-ci et fournit des recommandations et des conseils aux États afin d'améliorer leur performance en la matière. Les Nations Unies ont également adopté plusieurs conventions internationales relatives aux droits de l'homme et encouragé les États membres à veiller à leur respect et à leur mise en œuvre.

En outre, les Nations Unies jouent un rôle crucial en fournissant un soutien technique et financier aux pays en développement afin de renforcer leurs capacités en matière de droits de l'homme. Il convient de noter que les Nations Unies s'efforcent de promouvoir une culture des droits de l'homme et de sensibiliser le public grâce à leurs programmes d'éducation et de sensibilisation. Incarnant un esprit pionnier dans le domaine des droits de l'homme, les Nations Unies restent un partenaire essentiel pour l'élaboration et la promotion des normes internationales en matière de droits de l'homme. Elles contribuent également à la consolidation de leurs acquis et à la réalisation de la justice et de l'égalité pour tous les peuples du monde.

Les efforts de la Cour pénale internationale pour promouvoir la justice humaine

La Cour pénale internationale (CPI) est l'une des organisations internationales les plus essentielles, créée pour promouvoir la justice humanitaire et lutter contre les crimes contre l'humanité. La Cour a été créée pour traduire en justice les auteurs de crimes de guerre et de crimes contre l'humanité, tout en visant aussi à promouvoir la paix et la sécurité internationales par l'application des principes de justice.

Depuis sa création, la CPI s'est engagée sans relâche dans la lutte contre l'impunité des crimes de guerre et des crimes contre l'humanité. [6] La Cour cherche aussi à promouvoir le respect des droits de l'homme et l'application de la justice internationale comme mécanisme clé pour parvenir à la paix et à la sécurité internationales. Les efforts de la CPI pour promouvoir la justice humaine sont essentiels et vitaux en raison des défis et des menaces auxquels le monde est confronté aujourd'hui. De nombreux conflits et guerres internationaux récents ont révélé de graves violations des droits de l'homme et des crimes de guerre, et c'est là que la CPI joue un rôle en fournissant un moyen de rendre justice et de rétablir les droits bafoués.

La Cour traite des affaires impliquant des individus spécifiques et analyse les preuves et les témoignages afin de rendre justice et de traduire les personnes impliquées dans de graves violations des droits de l'homme et des crimes de guerre. Ainsi, le rôle de la Cour pénale internationale dans la promotion de la justice humaine est fondamental pour construire un avenir plus équitable et plus pacifique pour l'humanité.

Coopération entre les organisations régionales et mondiales pour une formulation durable

La coopération entre les organisations régionales et mondiales est essentielle à la formulation de normes durables en matière de droits de l'homme. Les organisations régionales représentent des efforts directs qui contrôlent les questions locales et les détails de la culture et de l'histoire dans différentes régions, tandis que les organisations mondiales apportent une expérience globale et une vision générale des questions humanitaires. Cette coopération vise à établir un équilibre entre les dimensions mondiales et locales des droits de l'homme et reflète l'esprit de coopération internationale dans la poursuite de la justice et de l'égalité.

La coopération entre ces organisations contribue à garantir une réponse efficace aux défis en matière de droits humains aux niveaux régional et mondial, favorisant ainsi le partage des responsabilités et la complémentarité dans le traitement des questions relatives aux droits humains. [9] En outre, cette coopération peut sensibiliser à l'importance de la protection des droits humains et contribuer à renforcer la capacité des organisations régionales à adopter des normes mondiales et à les mettre en œuvre dans leur contexte local.

Il convient de noter que les défis auxquels sont confrontées les organisations régionales et mondiales dans le processus de coopération comprennent des intérêts concurrents, des défis politiques et économiques, ainsi que des différences d'intérêts et de cultures. Par conséquent, une coopération efficace entre ces organisations régionales et mondiales nécessite des visions transparentes et des initiatives conjointes visant à renforcer les compétences des gouvernements et de la société civile à participer à la formulation et à la mise en œuvre effective des normes. En conséquence, une telle coopération peut contribuer à renforcer le travail international en matière de droits de l'homme et à construire un avenir durable fondé sur l'égalité et la justice.

Les défis de la mise en œuvre : le fossé entre les normes et la réalité

Les défis liés à la mise en œuvre des normes internationales en matière de droits de l'homme sont au cœur du débat mondial sur la manière de traduire ces normes dans la réalité afin de garantir les droits de l'homme pour tous. Malgré l'adoption et l'accord sur les normes par les organisations internationales, il existe un écart considérable entre le degré d'adhésion des États à ces normes et la situation réelle sur le terrain. [10] Cela est évident dans les politiques et les actions quotidiennes des États et se reflète dans l'écart en matière de développement et de croissance économique, dans la fourniture de services de base et dans la réalisation de l'égalité et de la justice.

L'écart entre les normes et la réalité [11] montre que les questions politiques, économiques et sociales ont un impact significatif sur l'application des normes internationales. [12] Cependant, une action collective entre les organisations internationales et la communauté internationale peut réduire cet écart. [13] En mettant l'accent sur la promotion de la transparence et de la responsabilité et en renforçant la coopération internationale à tous les niveaux, nous pouvons réduire l'écart entre les normes internationales et les réalités locales. Par conséquent, l'introduction de pressions politiques peut contribuer à orienter les organisations internationales vers un engagement sincère en faveur de ces normes et leur mise en œuvre efficace et durable sur le terrain.

L'impact de la pression politique sur les politiques des organisations internationales

Les organisations internationales jouent un rôle essentiel dans la promotion et la protection des droits humains à l'échelle mondiale. Cependant, il est indéniable que ces organisations peuvent être confrontées à des défis considérables en raison de la pression politique. La pression politique peut considérablement influencer les politiques de ces organisations et les empêcher d'atteindre leurs objectifs humanitaires spécifiques. Les organisations internationales deviennent vulnérables à la pression des États membres et des parties concernées, ce qui nuit à la qualité de leurs décisions et de leur travail.

Ces pressions peuvent influencer l'orientation des organisations internationales, les amenant à ignorer les questions relatives aux droits de l'homme ou à faire des concessions afin d'améliorer leurs relations diplomatiques. En réalité, les organisations internationales peuvent se retrouver dans des situations complexes lorsqu'elles sont confrontées à de telles pressions, car elles doivent maintenir leur crédibilité et défendre les valeurs des droits de l'homme sans céder aux pressions politiques. [15] Il est donc nécessaire de comprendre de manière approfondie et claire l'impact des pressions politiques sur les politiques des organisations internationales. [16] Cela nécessite une analyse minutieuse et exhaustive du contexte politique et humanitaire, ainsi que l'élaboration de stratégies permettant de faire face à ces pressions sans compromettre les valeurs et principes fondamentaux que les organisations internationales protègent.

Succès et échecs dans l'application des normes internationales

Une analyse approfondie de certains cas confirme dans quelle mesure les normes ont amélioré la situation des droits humains, tout en révélant les difficultés et les défis liés à leur mise en œuvre. Il est essentiel d'examiner les succès et les échecs dans l'application des normes internationales pour comprendre le rôle des organisations internationales et des efforts nationaux dans la promotion et la protection des droits humains dans différentes régions du monde.

Cette analyse peut mettre en évidence les succès obtenus grâce à l'adoption et à la mise en œuvre effective des normes, et souligner les échecs et les difficultés qui peuvent entraver la mise en œuvre de ces normes. En mettant en avant des études de cas, il est possible d'analyser les facteurs qui influencent le succès ou l'échec de la mise en œuvre et d'identifier les forces et les faiblesses des performances des organisations internationales et des systèmes nationaux. Les enseignements et les recommandations tirés de ces études visent à améliorer la rédaction et la mise en œuvre des normes internationales, ce qui contribue à promouvoir les droits de l'homme et à favoriser des changements positifs à l'échelle mondiale.

Le rôle de la nouvelle législation dans la promotion des droits de l'homme

La nouvelle législation est l'un des outils les plus efficaces pour promouvoir et protéger les droits de l'homme dans les sociétés contemporaines. Elle joue un rôle prépondérant dans l'apport de changements positifs et le renforcement de la responsabilité des gouvernements envers les droits de leurs citoyens. L'importance de cette législation découle de sa capacité à définir les limites et les contrôles auxquels les autorités gouvernementales doivent se conformer dans leur gestion des droits de l'homme, privilégiant ainsi la justice et l'égalité dans la société. Parmi les questions essentielles abordées par la nouvelle législation figurent la protection des libertés individuelles fondamentales, telles que la liberté d'expression et la liberté de croyance. La promotion et la protection des droits des femmes et des minorités contre la discrimination et la persécution font également partie des thématiques clés. Cette législation vise également à améliorer les mécanismes de responsabilité et à offrir une protection efficace aux victimes de violations des droits humains, en établissant des mécanismes juridiques fiables permettant de tenir les auteurs responsables et d'indemniser les victimes.

Le rôle de la nouvelle législation est particulièrement évident dans le domaine des droits économiques, sociaux et culturels. Dans ce domaine, elle vise à mettre en place des politiques publiques qui protègent les groupes vulnérables et favorisent les possibilités de participation et d'accès aux services de base. Cette législation vise aussi à lutter contre la pauvreté et la discrimination économique et sociale en promulguant des lois qui favorisent la répartition équitable des richesses et garantissent les droits des citoyens à l'éducation, à la santé et à un logement convenable. Dans l'ensemble, le rôle de la nouvelle législation dans la promotion des droits de l'homme est essentiel en raison des défis actuels auxquels sont confrontées les sociétés mondiales [19], et les gouvernements doivent veiller à promulguer des lois qui reflètent leur engagement sincère à protéger les droits de tous les membres de la société de manière équitable et égale.

L'avenir prévisible des organisations internationales dans le domaine des droits de l'homme

Les organisations internationales sont l'un des principaux piliers du soutien et de la promotion des droits de l'homme aux niveaux national et international. Malgré les défis auxquels elles sont confrontées, elles continuent d'assumer une responsabilité majeure dans l'amélioration des conditions de vie des individus et la réalisation de l'égalité et de la justice. Les droits internationaux soulignent l'importance d'élaborer de nouvelles politiques et procédures qui soutiennent ceux de l'homme et mettent en évidence le rôle futur des organisations internationales dans ce contexte.

L'avenir prévisible des organisations internationales dans le domaine des droits de l'homme nécessite des réponses rapides et efficaces aux nouveaux défis et des adaptations aux évolutions politiques, sociales et technologiques qui affectent la vie des personnes. Il est important que les organisations internationales se tiennent informées des nouveaux défis et des questions émergentes susceptibles d'affecter les droits de l'homme. Elles doivent aussi identifier les priorités et les besoins urgents en matière d'action pour promouvoir et protéger ces droits. Les organisations internationales doivent adopter une approche collaborative globale avec les parties prenantes locales, régionales et internationales afin d'atteindre des objectifs communs en matière de droits de l'homme et d'apporter des changements positifs.

Il est également important de suivre le rythme des évolutions technologiques et de les mettre à profit pour promouvoir les droits de l'homme, en veillant à ce qu'elles ne soient pas exploitées à des fins répressives. Les organisations internationales doivent participer à l'élaboration de lois et de politiques qui protègent les données personnelles et limitent les ingérences illégales dans la vie privée des individus. Les organisations internationales doivent pareillement s'attacher à promouvoir l'éducation et la sensibilisation aux droits de l'homme et à les défendre en fonction des évolutions culturelles et sociales dans le monde. Enfin, les organisations internationales doivent prendre l'initiative de proposer des solutions globales et proactives aux défis futurs qui touchent les droits de l'homme. Pour ce faire, elles doivent travailler en partenariat avec les gouvernements, la société civile et le secteur privé afin de garantir la poursuite des progrès vers un monde plus juste, plus équitable et plus digne pour tous.

Références

Organisations internationales

[1] Gil-Bazo, María-Teresa. « Introduction : le rôle des organisations internationales et des organismes de surveillance des droits de l'homme dans la protection des réfugiés ». Refugee Survey Quarterly 34 (2015) : 1-10.

[2] Alfredsson, Gudmundur S. et K. Tomaševski. « Guide thématique des documents sur les droits humains des femmes : normes mondiales et régionales adoptées par les organisations intergouvernementales, les organisations non gouvernementales internationales et les associations professionnelles ». Netherlands Quarterly of Human Rights 14 (1996) : 119-119.

[3] Les Nations Unies jouent un rôle dans l'élaboration de la justice pénale internationale en définissant le droit international, en surveillant la communauté internationale, en établissant la Cour internationale de justice et en imposant des sanctions aux contrevenants. Voir :

Doshie Piper et Heather Alaniz. « Le rôle des Nations Unies

dans la justice pénale internationale ». (2014) : 1-5. https://doi.org/10.1002/9781118517383.WBECCJ072.

[4] La création de la Cour pénale internationale trouve ses racines dans l'histoire des modèles précédents d'organes judiciaires qui ont traduit en justice les criminels de guerre et dans les discussions internationales qui ont entouré sa création.

O. Huzik, « The Genesis of the International Criminal Court » (La genèse de la Cour pénale internationale). Journal of Legal Studies, 28 (2021) : 74-85. https://doi.org/10.2478/jles-2021-0012.

[5] Les Nations Unies ont joué un rôle central dans le développement du droit pénal international à travers des négociations et la rédaction de traités, tels que la Convention sur le génocide et le Statut de Rome de la Cour pénale internationale. Voir :

S. Zappalà, « International Criminal Law and UN Treaties » (Droit pénal international et traités des Nations Unies). The Oxford Handbook of United Nations Treaties (Manuel Oxford des traités des Nations Unies) (2019). https://doi.org/10.1093/law/9780190947842.003.0027

[6] La Cour pénale internationale a été créée à la suite des événements survenus en ex-Yougoslavie et au Rwanda, dans le but de punir les auteurs de violations des droits de l'homme et de prévenir de futurs crimes. Voir :

Juma Abed FAYADH. « THE FUNCTION OF THE INTERNATIONAL CRIMINAL COURT IN DEFENDING HUMAN RIGHTS AGAINST CRIMES » (Le rôle de la Cour pénale internationale dans la défense des droits de l'homme contre les crimes). RIMAK International Journal of Humanities and Social Sciences (2023). https://doi.org/10.47832/2717-8293.22.36.

[7] La Cour pénale internationale a un impact positif sur

la réduction des crimes contre l'humanité en ciblant les dirigeants qui encouragent ou tolèrent ces crimes, avec un nombre relativement faible d'interventions.

É. Schneider, J. R. Iglesias, Karen Hallberg et M. N. Kuperman. « Crimes contre l'humanité : le rôle des tribunaux internationaux ». PLoS ONE, 9 (2014). https://doi.org/10.1371/journal.pone.0099064.

[8] La coopération à plusieurs niveaux entre les organisations internationales, les gouvernements nationaux et les organisations non gouvernementales locales peut initier des processus de mise en œuvre des normes, mais s'avère devoir ne pas être durable à long terme. Voir, par exemple :

Anne Jenichen et Andrea Schapper. « Between global ambitions and local change : how multi-level cooperation advances norm implementation in weak states » (Entre ambitions mondiales et changement local : comment la coopération à plusieurs niveaux favorise la mise en œuvre des normes dans les États fragiles). Journal of International Relations and Development, 20 (2017) : 1-28. https://doi.org/10.1057/JIRD.2014.29.

[9] E. Voeten, « Competition and Complementarity between Global and Regional Human Rights Institutions » (Concurrence et complémentarité entre les institutions mondiales et régionales des droits de l'homme). Global Policy, 8 (2017) : 119-123. https://doi.org/10.1111/1758-5899.12395.

[10] Les organisations de taille moyenne qui mettent en œuvre les normes de la Better Cotton Initiative consacrent de plus en plus de temps à la collecte de données. La collecte se substitue à l'aide apportée aux agriculteurs pour se conformer à la norme grâce au renforcement des capacités. Voir :

Peter Lund-Thomsen, N. Coe, Sukphal Sing et L. Riisgaard. « Concilier les exigences des normes mondiales et les besoins des agriculteurs locaux : les partenaires de mise en œuvre de la Better Cotton Initiative au Pakistan et en Inde ». Development and Change (2017).

[11] Les engagements pris dans le cadre des accords commerciaux régionaux (ACR) peuvent entrer en conflit avec de nombreux objectifs de développement durable (ODD), ce qui entraîne une incohérence des politiques et menace l'accès équitable aux services de santé. Voir, par exemple :

Arne Ruckert, Ashley Schram, R. Labonté, S. Friel, D. Gleeson et A. Thow. « Cohérence des politiques, santé et objectifs de développement durable : une évaluation de l'impact sur la santé du Partenariat transpacifique ». Critical Public Health, 27 (2017) : 86-96. https://doi.org/10.1080/09581596.2016.11 78379.

[12] Les défis à relever pour atteindre l'objectif 17 comprennent le manque de volonté politique, les politiques isolationnistes, le nationalisme étroit et la faiblesse des liens entre les règles nationales et internationales.

Wekgari Dulume. « Relier les ODD aux droits humains : opportunités et défis de la promotion de l'objectif 17 ». Journal of Sustainable Development Law and Policy (The) (2019). https://doi.org/10.4314/jsdlp.v10i1.3.

[13] Des tensions apparaissent entre les institutions mondiales et régionales en raison des différences d'interprétation des droits, de la judiciarisation des droits humains et des préoccupations concernant l'impact des institutions mondiales sur les institutions régionales.

[13] Des tensions apparaissent entre les institutions mondiales et régionales en raison des différences d'interprétation des droits, de la judiciarisation des droits de l'homme

et des préoccupations concernant l'empiètement des droits sur d'autres domaines de la coopération internationale.

E. Voeten. (2017). Source citée.

[14] Drubel, Julia, et Janne Mende. « The Hidden Contestation of Norms : Decent Work in the International Labour Organization and the United Nations ». (La contestation cachée des normes : le travail décent au sein de l'Organisation internationale du travail et des Nations unies). Global Constitutionalism, 2023.

[15] Beresford, Alexander, et D. Wand. « Understanding Bricolage in Norm Development : South Africa, the International Criminal Court, and the Contested Politics of Transitional Justice ». (Comprendre le bricolage dans l'élaboration des normes : l'Afrique du Sud, la Cour pénale internationale et la politique contestée de la justice transitionnelle). Review of International Studies 46 (2020) : 534-54.

[16] A. Naim, « Human Rights in the Arab World : A Regional Perspective ». Human Rights Quarterly, 23 (2001) : 701-732. https://doi.org/10.1353/HRQ.2001.0026.

[17] Arne Ruckert, Ashley Schram, R. Labonté, S. Friel, D. Gleeson et A. Thow. (2017). Source citée.

[18] Schulze, Meike. « L'UE et les négociations pour un traité contraignant sur les entreprises et les droits de l'homme », 2023.

[19] Pettoello-Mantovani, Clara. « Cybercrimes : une nouvelle catégorie d'infractions relevant de la compétence de la Cour pénale internationale ». International Journal of Law and Politics Studies, 2024.

7
Défis actuels auxquels sont confrontés les diplomates des droits de l'homme

Aperçu des défis actuels

Le monde vit une période historique où la diplomatie des droits de l'homme est confrontée à des défis croissants et complexes, allant des tensions entre les intérêts nationaux et les normes internationales à l'influence de la politique intérieure sur les négociations internationales. Il est essentiel de comprendre ces défis dans le contexte actuel, où la protection des droits de l'homme dépend d'un équilibre délicat entre les intérêts nationaux des États et les normes internationales en matière de droits de l'homme. La situation actuelle nécessite une réflexion approfondie et une analyse complète pour comprendre comment relever et surmonter ces défis.

Les diplomates des droits de l'homme doivent tenir compte de l'impact des médias sur la prise de décision diplomatique et soutenir les normes et les valeurs internationales en matière de droits de l'homme. Cette question ne se limite pas aux défis politiques, mais s'étend aux défis sécuritaires et technologiques, ainsi qu'aux barrières culturelles et religieuses. Il est donc essentiel d'analyser en profondeur ces facteurs et d'élaborer des stratégies efficaces pour y faire face.

Un tel effort nécessite également de comprendre les dilemmes éthiques auxquels les diplomates spécialisés dans les droits de l'homme peuvent être confrontés dans leur quête de justice et de protection des droits de l'homme. En fin de compte, il faut avoir une vision éclairée de l'avenir qui contribue à améliorer la diplomatie des droits de l'homme et à surmonter avec succès ces défis.

La tension entre les intérêts nationaux et les normes internationales

Les diplomates spécialisés dans les droits de l'homme sont fréquemment confrontés à des conflits entre les intérêts nationaux et les normes internationales. En réalité, cette tension découle de la difficulté de concilier les gains et les valeurs nationales avec les normes et obligations internationales en matière de droits de l'homme. Les diplomates cherchent généralement à défendre les intérêts de leur pays ou de leur région, même si cela peut entrer en conflit avec les normes internationales reconnues.

Ces conflits sont particulièrement évidents dans des domaines tels que les droits des réfugiés et des migrants, la torture et les traitements inhumains, les droits des femmes et des minorités, et la recherche de la justice sociale. Pour résoudre cette tension, il est nécessaire de bien comprendre la dynamique politique et culturelle de chaque pays et de négocier des solutions consensuelles qui concilient les intérêts nationaux et les normes internationales en matière de droits humains. [3]

En outre, pour proposer des solutions innovantes et durables, il est nécessaire d'adopter une vision stratégique multidimensionnelle qui tienne compte des différences culturelles et des valeurs, ainsi que de leur impact sur les politiques publiques. [4] Il est également essentiel de promouvoir le dialogue et l'échange d'expériences entre les pays afin de parvenir à une compréhension mutuelle et de rechercher des solutions consensuelles qui soient dans l'intérêt de l'humanité. Si cette tension pose sans aucun doute des défis significatifs aux diplomates des droits de l'homme, elle peut également constituer un domaine d'innovation et de progrès positif vers la réalisation de la justice et la protection des droits de l'homme de manière globale et équitable.

Les médias et leur impact sur la diplomatie des droits humains

Les médias jouent un rôle essentiel dans la formation et la définition des perceptions et des concepts liés aux droits de l'homme au niveau international. Ils constituent une fenêtre ouverte qui montre ce qui se passe dans le monde et attire l'attention sur les violations et les victoires en matière de droits de l'homme. Cependant, les médias peuvent aussi refléter des images de manière déformée ou dénaturée, ce qui conduit à une distorsion des faits ou induit la communauté internationale en erreur sur la réalité de la situation. [5] La promotion des droits de l'homme par la diplomatie nécessite une compréhension approfondie du rôle et de l'influence des médias et de la manière dont ils façonnent l'opinion publique. [6] Les diplomates doivent être conscients de la manière dont les médias peuvent influencer les relations internationales en matière de droits de l'homme et savoir comment gérer efficacement cette influence. [7]

Il est crucial de comprendre comment utiliser les médias de manière éthique et professionnelle afin de sensibiliser le public aux droits de l'homme et de réagir aux violations. Il peut devoir faire appel à l'opinion publique nationale et internationale pour garantir le succès des efforts diplomatiques visant à protéger les droits. En outre, les diplomates devraient tirer parti des médias pour mettre en évidence les questions et les défis liés aux droits de l'homme pour encourager l'action et la coopération internationales pour les surmonter. Les médias ont le pouvoir d'attirer l'attention et d'influencer les politiques et les prises de décision. Cela peut faire la différence dans le domaine des droits humains en soutenant la diplomatie internationale et les actions conjointes visant à trouver des solutions globales.

Dilemmes éthiques pour les diplomates spécialisés dans les droits de l'homme

Les diplomates spécialisés dans les droits de l'homme sont confrontés à des dilemmes éthiques fondamentaux pour l'exercice de leurs fonctions et la réalisation de leurs objectifs. Dans leurs efforts pour défendre les droits de l'homme, ils sont confrontés à de multiples défis éthiques qui peuvent influencer leurs comportements et leurs décisions. L'un de ces dilemmes est l'équilibre entre le silence et la prise de parole. Les diplomates peuvent s'y trouver confrontés à un dilemme éthique qui les oblige à garder le silence pour préserver les intérêts diplomatiques tout en se sentant contraints de s'exprimer pour défendre les droits de l'homme. Les diplomates se trouvent également pris entre leur devoir national et leur responsabilité humanitaire, devant parfois choisir entre les intérêts de leur pays et la défense des droits humains dans le monde.

Un autre dilemme se pose lorsqu'il s'agit de traiter avec

des pays qui violent les droits de l'homme, où les diplomates doivent mener des activités avec ces nations tout en maintenant leur engagement envers les normes éthiques et les droits de l'homme, ce qui les place dans une position difficile qui exige un jugement prudent et une grande sagesse. [11] Un autre dilemme éthique auquel sont confrontés les diplomates dans le domaine des droits humains est la tentative de concilier neutralité et intervention. Ainsi, ils doivent souvent agir de manière impartiale, mais dans certaines circonstances, ils se trouvent contraints d'intervenir pour empêcher des violations des droits humains ou pour s'exprimer au nom de ceux qui n'ont pas la possibilité de le faire.

Ce processus exige une certaine souplesse morale et une évaluation minutieuse de circonstances et d'intérêts complexes et étroitement liés. Surgissent ainsi des dilemmes éthiques qui constituent un défi constant pour les diplomates spécialisés dans les droits de l'homme [12], les obligeant à faire preuve de sagesse, de détermination et d'équilibre pour surmonter ces défis d'une manière qui garantisse la protection des valeurs morales et la défense effective des droits de l'homme.

L'impact des politiques nationales sur les négociations internationales

Les politiques nationales des États ont un impact significatif sur la conduite des négociations internationales, en particulier pour les questions relatives aux droits humains. Lorsque des violations de l'e interne et des persécutions ont lieu dans un État, cela peut avoir un effet négatif sur la volonté de cet État de respecter les normes internationales en matière de droits humains lors des négociations internationales. [13] Par conséquent, le principal défi pour les diplomates spécialisés dans les droits humains consiste à convaincre les États de la nécessité d'améliorer leur propre bilan en matière de droits humains. Ce faisant, ils instaurent la confiance et jettent des ponts pour le dialogue dans les négociations internationales.

Ces efforts exigent de la souplesse, un sens aigu de la diplomatie et une bonne compréhension des dynamiques politiques et culturelles de chaque État. Cependant, les questions nationales restent au centre des préoccupations des diplomates, qui doivent trouver un équilibre entre les demandes d'amélioration des droits humains et l'ingérence dans les affaires intérieures des États. Ce défi est l'un des plus complexes auxquels sont confrontés les diplomates spécialisés dans les droits humains et nécessite des solutions créatives et une coopération internationale globale pour être relevé.

Les défis en matière de sécurité et leur impact sur la protection des droits humains

Assurer et maintenir la sécurité est l'un des défis les plus cruciaux auxquels sont confrontés les diplomates des droits de l'homme aujourd'hui. Il est bien connu que l'insécurité conduit à l'instabilité et perturbe les efforts visant à protéger les droits de l'homme. L'impact des défis en matière de sécurité sur les sociétés est négatif à tous les niveaux et peut conduire à des violations directes ou indirectes des droits de l'homme. L'un des défis les plus importants consiste à trouver un équilibre entre la protection de la sécurité nationale et les droits de l'homme. [15]

Lorsque l'utilisation de la force internationale dépasse les frontières internationales, la protection des droits de l'homme devient un défi difficile à relever. Les mesures de sécurité coercitives peuvent violer les droits et libertés de l'homme et restreindre les activités des défenseurs et des organisations non gouvernementales, affaiblissant ainsi leur rôle dans la protection et la sensibilisation à ces droits. [16]

Pour relever ces défis, il est nécessaire d'adopter des stratégies diplomatiques sophistiquées visant à limiter les crises sécuritaires et à éviter toute escalade militaire susceptible d'entraîner des violations généralisées des droits humains. Il est également nécessaire de renforcer la coopération internationale et les systèmes juridiques internationaux relatifs aux droits humains et à l'éthique du recours à la force internationale. Le rôle des défis sécuritaires dans la promotion des droits humains ne peut être ignoré. Dans cette perspective, les diplomates spécialisés dans les droits de l'homme doivent être conscients de l'équilibre à trouver entre sécurité et droits et adopter des politiques et des mesures qui permettent d'y parvenir efficacement.

Le rôle de la technologie dans la surveillance et la promotion des droits de l'homme

La technologie est l'un des facteurs les plus cruciaux pour surveiller et comprendre son impact sur les droits de l'homme à l'ère actuelle. Les progrès technologiques ont conduit au développement de méthodes de surveillance et d'espionnage, susceptibles de porter atteinte à la vie privée et aux droits des individus. Cependant, la technologie peut aussi être utilisée pour promouvoir et défendre les droits de l'homme. Nous pouvons utiliser les réseaux sociaux et Internet comme outils pour sensibiliser aux droits de l'homme et promouvoir un changement social positif.

En outre, la technologie est utilisée pour collecter des données et des statistiques afin de comprendre l'ampleur des violations des droits humains et d'élaborer des solutions efficaces. Néanmoins, l'utilisation de la technologie doit être surveillée attentivement et son impact sur les droits humains doit être compris.

Il est nécessaire d'élaborer des politiques et des lois qui réglementent l'utilisation de la technologie en relation avec les droits de l'homme et garantissent la transparence et la responsabilité en matière de collecte et d'utilisation des données. Il convient de sensibiliser à l'éthique de l'utilisation de la technologie et à son impact sur les droits de l'homme par le biais de l'éducation et de la formation. Il convient également de garantir les droits des individus à la protection contre la surveillance technologique et les violations de la vie privée. Trouver un équilibre entre, d'une part, les avantages de la technologie et, d'autre part, la préservation des droits de l'homme et de la vie privée est un défi important qui doit être relevé à l'ère numérique moderne.

Barrières culturelles et religieuses

Les barrières culturelles et religieuses constituent des obstacles majeurs pour les diplomates des droits de l'homme dans leurs efforts pour promouvoir et protéger les droits de l'homme aux niveaux international et national. Les différences culturelles entre les pays et les sociétés contribuent à la diversité culturelle. Elles peuvent cependant également conduire à des affrontements et à des conflits dans la compréhension et l'application des concepts fondamentaux des droits de l'homme. [19]

Pour les obstacles religieux, des conflits peuvent surgir entre les concepts religieux et les normes internationales en matière de droits de l'homme, compliquant la conclusion d'un accord international unifié. Pour surmonter ces obstacles, nous devons comprendre en profondeur les différentes cultures et religions et établir des ponts de communication et de compréhension entre les nations et les communautés. Un dialogue international constructif fondé sur le respect et l'appréciation des différences doit par ailleurs être encouragé en promouvant et en renforçant les valeurs d'ouverture et de tolérance. [20]

En outre, les diplomates et les négociateurs en matière de droits de l'homme doivent s'efforcer de sensibiliser à leur importance d'une manière qui respecte la diversité culturelle et religieuse et mette en évidence les valeurs impératives partagées par les différentes cultures et religions. Pour surmonter les obstacles culturels et religieux aux droits de l'homme, il convient d'explorer les voies de la coopération internationale et d'encourager l'échange d'expériences et de connaissances entre les différentes cultures. Nous devons également promouvoir la sensibilisation aux droits de l'homme et à leur importance d'une manière qui soit en phase avec le contexte de chaque culture et religion. La coopération et la compréhension au-delà des frontières culturelles et religieuses peuvent contribuer à des solutions globales et durables pour réaliser les droits de l'homme dans le monde entier.

Stratégies pour faire face à la pression internationale

Les défis posés par la pression internationale sur les diplomates spécialisés dans les droits de l'homme ne peuvent être ignorés. Dans le domaine de la diplomatie internationale, celle des droits de l'homme peut être confrontée à des pressions multiples et variées, allant du domaine politique au domaine économique en passant par le culturel. Ces pressions exigent des diplomates travaillant dans ce domaine qu'ils emploient des tactiques et des stratégies prudentes pour y faire face. Les diplomates doivent attentivement examiner plusieurs aspects de leurs stratégies pour faire face aux pressions internationales.

Tout d'abord, les diplomates doivent comprendre les diverses perspectives et intérêts nationaux et internationaux qui ont une incidence sur le domaine des droits humains. Ils doivent être capables de prendre des décisions éclairées et calculées qui concilient les intérêts de leur pays et les obligations internationales.

Ensuite, les diplomates doivent adopter une stratégie visant à établir des alliances internationales solides qui soutiennent les questions relatives aux droits de l'homme. Ces alliances joueront un rôle majeur dans la promotion des positions et dans le soutien aux revendications en matière de droits de l'homme dans les forums internationaux. Dans le même ordre d'idées, les diplomates doivent être capables de négocier au niveau international et de rédiger des accords et des traités qui promeuvent et protègent les droits de l'homme. Les négociations dans ce contexte doivent être soumises à des normes d'intégrité, de transparence et de crédibilité.

Enfin, les diplomates doivent avoir une vision stratégique à long terme visant à obtenir un changement radical des positions et des politiques internationales en matière de droits humains. Ils doivent s'efforcer d'encourager les organisations internationales et les diplomates à actualiser et à développer les cadres juridiques internationaux afin d'assurer une meilleure protection des droits humains et une mise en œuvre plus efficace.

Nouvelles avenues pour la diplomatie des droits humains

Pour conclure ce chapitre, il convient de réfléchir à l'avenir de la diplomatie des droits humains et aux défis auxquels elle pourrait être confrontée. Il est crucial de comprendre que les évolutions politiques, sociales et technologiques poseront de nouveaux défis qui nécessiteront une réponse diplomatique judicieuse et durable. Il devient nécessaire de rechercher des mécanismes permettant de promouvoir et de protéger les droits humains face aux changements rapides et complexes que connaissent les sociétés mondiales.

Le principal dilemme reste de savoir comment concilier les intérêts nationaux et les normes internationales en matière de droits de l'homme. Dans les années à venir, les diplomates joueront un rôle crucial pour garantir que ces défis et ces besoins soient considérés tout en préservant les valeurs et les principes humains. La promotion de la compréhension et de la coopération internationales dans le domaine des droits de l'homme est l'un des piliers les plus importants pour assurer la prospérité des peuples et des nations. Nous devons rechercher des moyens de renforcer les partenariats entre les gouvernements, les organisations internationales et la société civile dans le but de promouvoir et de protéger les droits de l'homme à l'échelle mondiale.

Nous devons également encourager l'utilisation positive de la technologie pour améliorer la surveillance des droits de l'homme et lutter contre les violations, sans succomber aux utilisations négatives de la technologie dans le cadre d'atteintes à la vie privée et d'espionnage illégal. Nous devons par ailleurs inciter un dialogue interculturel et interconfessionnel constructif afin de surmonter les barrières culturelles et religieuses qui peuvent entraver les efforts de promotion des droits de l'homme.

Enfin, nous devons reconnaître que pour parvenir à un changement positif, il faut que toutes les parties prenantes unissent leurs efforts, ce qui nécessite des réformes structurelles et tactiques dans le contexte de la diplomatie des droits de l'homme. L'avenir de la diplomatie des droits de l'homme dépend de notre capacité à nous adapter et à innover pour relever les défis et contribuer au progrès et au changement vers un monde plus juste et plus humain.

Références

Défis actuels

[1] Dans l'article suivant, l'auteur explore la tension entre la promotion de l'intérêt national et la priorité accordée aux obligations éthiques internationales dans la diplomatie :

B. Barder, « Diplomacy, Ethics and the National Interest : What Are Diplomats For? » The Hague Journal of Diplomacy, 5 (2010) : 289-297. https://doi.org/10.1163/187119110X511653.

[2] Sulyok, Márton. « Compromis(e) ? - Perspectives de l'État de droit dans l'Union européenne », 2:207-27, 2021.

[3] Behrens soutient que l'application des principes généraux d'harmonisation peut aider les diplomates à surmonter la tension entre les intérêts nationaux et les normes internationales dans les affaires relatives aux droits de l'homme.

Paul Behrens, dans son article intitulé « None of Their Business », aborde le sujet de l'implication diplomatique dans les droits de l'homme. Diplomatic Involvement in Human Rights. » Melbourne Journal of International Law, 15 (2014)

: 190-227.

[4] Wan, M. « International Humanitarian Law and the US-China Rivalry : National Interests and Human Rights Linkage », Asian Perspective 46 (2022) : 605-25.

[5] Les régimes autoritaires peuvent utiliser la pression internationale en matière de droits humains pour renforcer leur soutien national, en détournant l'attention vers la défense de la nation plutôt que de se concentrer sur les violations individuelles. Voir, par exemple :

Jamie J. Gruffydd-Jones, « Citoyens et condamnation : utilisations stratégiques de la pression internationale en matière de droits humains dans les États autoritaires ». Comparative Political Studies, 52 (2018) : 579-612. https://doi.org/10.1177/0010414018784066.

[6] Bullion, S. J. « Press Roles in Foreign Policy Reporting » (Le rôle de la presse dans la couverture de la politique étrangère). Gazette 32 (1983) : 179-88.

[7] Soltanipour, Samane et Akbar Nasrollahi. « Media Impartiality and Its Impact on the Observance of Human Rights in the Media. » Bioethics 9 (2019) : 139-57.

[8] R. Mullerson, « Human Rights Diplomacy » (1997). https://doi.org/10.4324/9781315005188.

[9] Anupama Ghosal et Sreeja Pal. (2020) : source citée.

[10] Witt, H., et Karyn Levin. « Dilemmes éthiques dans l'éducation sur le terrain en matière de droits de l'homme : étude de cas sur la pratique macro dans un contexte de politique des droits reproductifs ». Journal of Human Rights and Social Work 6 (2020) : 78-81.

[11] C. H. Wellman. « Débat : prendre les droits humains au sérieux ». Journal of Political Philosophy, 20 (2012) : 119-130. https://doi.org/10.1111/J.1467-9760.2011.00407.X.

[12] González, Pedro Arcos et Rick Kye Gan. « The Evolution

of Humanitarian Aid in Disasters : Ethical Implications and Future Challenges ». Philosophies, 2024.

[13] Putnam, R. (1988) : source citée.

[14] Friedrichs, Gordon M. « Conceptualisation des effets de la polarisation sur le comportement de la politique étrangère américaine dans les négociations internationales : réexamen du jeu à deux niveaux ». International Studies Review, 2022.

[15] Nandy, Debasish. « Les droits de l'homme à l'ère de la surveillance : trouver un équilibre entre les préoccupations en matière de sécurité et de vie privée ». Journal of Current Social and Political Issues, 2023.

[16] Karpachova, N. « Modern Challenges to International Security and Protection of Human Rights (International and Ukrainian Context) ». JOURNAL OF THE NATIONAL ACADEMY OF LEGAL SCIENCES OF UKRAINE, 2021.

[17] Uhanova, N. « Challenges and Threats to the Human Rights and Safety in an Information Sphere ». INFORMATION AND LAW, 2018.

[18] Cet article traite des lois sur la protection des données et de leur impact sur les droits des consommateurs dans l'économie numérique :

Prastyanti, R. A., et Ridhima Sharma. « Établir la confiance des consommateurs grâce à la loi sur la protection des données comme avantage concurrentiel en Indonésie et en Inde ». Journal of Human Rights, Culture and Legal System, 2024.

[19] Cet article traite des tensions entre les contextes culturels locaux et les normes mondiales dans le domaine du travail social :

Meng, Qian, M. Gray, Lieve Bradt et G. Roets. « A Critical Review of Chinese and International Social Work : Walking a Tightrope of Local and Global Standards » (Examen critique du travail social chinois et international : avancer en équilibre précaire entre les normes locales et mondiales). International Social Work 65 (2021) : 1301-13.

[20] L'appel à promouvoir les valeurs d'ouverture et de tolérance ne peut être unilatéral. Il est déraisonnable de penser que cette exigence ne concerne que les pays islamiques ; elle concerne également les pays non islamiques, en particulier lorsqu'ils ne restreignent pas les mouvements d'extrême droite actifs là-bas – au nom de la démocratie et des droits de l'homme – avec liberté et protection juridique, alors que leur discours est rempli de haine et d'incitation à la violence contre les musulmans. Voir notre livre récemment publié à ce sujet :

Hichem Karoui. Breaking the Veil : Unmasking Stigma Against Islam in the West. Global East-West (Londres : 2024).

[21] Sidhu, Jatswan S. « Human Rights Violations in Myanmar and the Military Junta's Defensive Human Rights Diplomacy ». Journal of International Students, 2020.

8
Souveraineté nationale contre droits humains
Un équilibre impossible?

Définition de la souveraineté et des droits de l'homme

La souveraineté nationale et les droits de l'homme font partie des concepts qui ont le plus occupé l'esprit des philosophes, des diplomates et des penseurs à travers les âges. La souveraineté représente le contrôle total d'un État sur son territoire et son peuple et constitue un principe fondamental du système des relations internationales et des structures de pouvoir internes. Les droits de l'homme, quant à eux, sont les principes et valeurs indispensables qu'un État doit protéger et garantir à ses citoyens sans discrimination ni violation.

Historiquement, les concepts de souveraineté nationale et de droits de l'homme ont été étroitement liés dans un contexte de conflits et de contradictions. Dans de nombreux cas, les principes de la souveraineté nationale ont été utilisés comme prétexte pour violer les droits de l'homme, ce qui a entraîné des tensions considérables entre les États et la communauté internationale. Il est urgent d'établir un cadre conceptuel précis pour les principes impératifs liés à la souveraineté et aux droits de l'homme. Cela comprendrait la profondeur de cette contradiction et la recherche d'un équilibre entre l'immunité nationale et la protection des droits de l'homme.

Cadres théoriques de la souveraineté nationale et des droits de l'homme

La grande diversité des cultures et des valeurs à travers le monde a donné naissance à de multiples cadres théoriques qui explorent l'équilibre entre la souveraineté nationale et les droits de l'homme sous différents angles. Les doctrines diplomatiques classiques stipulent que la souveraineté des États est un principe fondamental qui doit être respecté, selon lequel les décisions d'un État sont considérées comme contraignantes et ne peuvent faire l'objet d'ingérences extérieures. [1]

Cependant, dans ces contextes, le concept des droits de l'homme est compris comme suit : si les intérêts de l'État entrent en conflit avec ceux de l'être humain, ceux de l'État doivent prévaloir. En revanche, les écoles théoriques modernes soulignent l'importance de préserver les droits de l'homme en tant qu'élément essentiel du développement politique et social. Ces cadres théoriques cherchent à agir pour que la souveraineté et les droits de l'homme ne soient pas contradictoires, mais fassent plutôt partie intégrante de la théorie et de la pratique diplomatiques. [2]

Reconnaître les valeurs de la souveraineté quelles que soient les circonstances et protéger les droits de l'homme en tout temps et en toutes circonstances est un défi que tout État et toute organisation internationale se doivent de relever. [3] Cette question conduit nécessairement à des approches diplomatiques concurrentes à cet égard. Ainsi, les cadres théoriques doivent réexaminer la relation entre souveraineté et droits de l'homme en fonction de la réalité actuelle. [4] Cela souligne l'importance de cadres théoriques spécifiques qui suscitent un débat sur la manière d'atteindre un équilibre optimal entre la souveraineté des États et l'engagement en faveur des droits de l'homme.

L'histoire diplomatique du conflit entre souveraineté et droits de l'homme

Le conflit entre le concept de souveraineté nationale et les droits de l'homme remonte à plusieurs siècles dans l'histoire des relations internationales. De nombreuses civilisations et empires ont été témoins de conflits sanglants entre les pouvoirs en place et les citoyens ou les peuples colonisés. Avec le développement des relations internationales et l'émergence des systèmes diplomatiques modernes, ces conflits sont devenus plus complexes et ont pris de nouvelles formes.

Les concepts de souveraineté nationale et de droits de l'homme ont commencé à s'opposer sur la scène politique mondiale et à avoir un impact sur les peuples et les nations pendant les guerres planétaires et les soulèvements populaires. Ce conflit s'est accompagné du développement d'idées politiques, juridiques et éthiques sur les droits de l'homme [5] et d'un échange de points de vue et de positions entre les États et les puissances mondiales. Les conflits internationaux ont également été le théâtre de nombreux événements historiques. Ces derniers ont ancré les questions et les controverses liées à l'équilibre entre la souveraineté et les droits de l'homme et leur impact sur les relations internationales et les interactions entre les États et la communauté internationale. [6]

L'analyse de l'histoire diplomatique de ce conflit est essentielle pour comprendre les transformations politiques et juridiques que les sociétés humaines ont connues à travers les âges. Elle est également cruciale pour orienter l'application pratique des concepts de souveraineté et de droits de l'homme à l'ère moderne.

Analyse des modèles d'États qui ont réussi à combiner souveraineté et droits de l'homme

Au fil des décennies, nous avons observé de rares exemples d'États qui ont su combiner de manière tangible et réussie les principes de souveraineté nationale et de droits de l'homme. Parmi ces États, on peut citer les pays scandinaves que sont la Suède et la Norvège, qui ont chacun réussi à construire une démocratie forte qui préserve son souveraineté nationale tout en protégeant et en respectant les droits de l'homme.

Leur parcours historique a été marqué par de nombreux défis et conflits. Ils ont cependant réussi à mettre au point un modèle unique fondé sur l'équilibre et l'harmonie entre la souveraineté et les droits de l'homme. L'expérience d'autres pays européens, tels que l'Allemagne et les Pays-Bas, qui ont adopté avec succès des systèmes politiques respectueux des droits fondamentaux des citoyens tout en atteignant leurs objectifs économiques et politiques, peut également être mise à profit. Ces modèles sont essentiels pour comprendre comment concilier la souveraineté de l'État avec le respect des droits de l'homme, en offrant des enseignements pour la construction d'autres modèles à travers le monde qui favorisent l'équilibre et la justice sociale.

Cas controversés à travers le monde

Une étude des cas controversés à travers le monde révèle d'importantes contradictions et difficultés à concilier le concept de souveraineté nationale et les droits de l'homme. Au cours de l'histoire, les systèmes politiques à travers le monde ont été le théâtre de nombreux conflits controversés entre les droits de l'homme et le concept de souveraineté. L'exemple le plus frappant est peut-être la manière dont certains pays traitent les questions relatives aux libertés individuelles et aux droits des minorités. [7] Le recours excessif à la force et les restrictions des libertés individuelles sont des questions centrales qui remettent en cause l'équilibre entre souveraineté et droits de l'homme. Certains cas historiques ont vu un recours excessif à la force sans respect des droits de l'homme, conduisant à des atrocités et à des abus de la souveraineté nationale. [8]

En outre, la manière dont certains États traitent les questions et les droits des minorités soulève des interrogations sur l'utilisation discriminatoire et exclusive du pouvoir national, reflétant un conflit entre la préservation de la souveraineté et la garantie des droits des minorités. Les cas controversés soulignent que la conciliation du concept de souveraineté avec les droits de l'homme reste un défi majeur dans un monde en mutation et instable.

L'étude des cas controversés met en évidence l'importance et la nécessité d'adapter le concept traditionnel de souveraineté à un concept plus large qui tienne compte des droits de l'homme. Des cadres législatifs doivent être élaborés afin d'assurer une protection efficace des droits de l'homme et de garantir un équilibre entre la souveraineté nationale et ces droits. Cela nécessite un esprit de coopération internationale et un engagement de toutes les parties à instaurer la justice, l'égalité et la liberté pour tous.

Critiques du concept de souveraineté en relation avec les droits de l'homme

Le concept de souveraineté et son rôle en matière de droits de l'homme suscitent de nombreuses critiques et controverses dans les cercles internationaux. Certains considèrent que le concept traditionnel de souveraineté représente un obstacle majeur à la réalisation et au respect des droits de l'homme dans le monde contemporain. Ils attribuent cette critique à l'utilisation politique de la souveraineté pour supprimer les libertés et violer les droits de l'homme, en particulier dans les pays dotés de systèmes politiques dictatoriaux ou autoritaires.

Ils estiment que le concept de souveraineté confère aux États des pouvoirs excessifs et illimités sur leur population, qui peuvent être utilisés à mauvais escient pour supprimer les libertés et violer les droits de l'homme. Il est problématique d'ignorer ces critiques. Cela est particulièrement vrai à la lumière des événements qui se sont produits dans certains pays du monde et qui mettent en évidence à quel point certains régimes souverains s'écartent de la réalisation et du respect des droits de l'homme.

Il est nécessaire d'envisager de développer le concept de souveraineté et d'en définir les limites afin qu'il soit compatible avec le respect et la promotion des droits de l'homme. C'est là que réside le défi : comment parvenir à un équilibre entre les droits des États souverains et les droits de l'homme ? Le système de souveraineté peut-il être reformulé pour être compatible avec la réalisation et le respect des droits de l'homme sans que l'État ne perde sa souveraineté et son indépendance ? Il s'agit là d'un défi urgent et de taille qui exige une réflexion approfondie et une responsabilité majeure de la part des dirigeants et des décideurs de la communauté internationale.

L'impact de la mondialisation sur la souveraineté des États et les droits de l'homme

La mondialisation est l'un des phénomènes les plus significatifs qui ont posé un défi majeur à l'équilibre entre la souveraineté et les droits de l'homme à l'ère moderne. Notre monde contemporain a connu une augmentation considérable des échanges commerciaux, des technologies, de la culture et de la politique entre les États et les peuples. Cela a conduit à une convergence sociale et économique et à une interaction entre différentes régions et cultures. Avec cette évolution, les frontières nationales sont devenues moins explicitement définies et l'impact des décisions et des événements nationaux et internationaux a considérablement diminué.

Alors que nous assistons à une augmentation de l'interconnexion mondiale et à l'identification d'intérêts mondiaux communs, cette évolution soulève des questions fondamentales sur la manière dont la mondialisation affecte la souveraineté des États et les droits de l'homme.

D'une part, l'interdépendance économique, culturelle et politique entre les États peut conduire à des avantages mutuels et à un équilibre qui favorise la gouvernance démocratique et le respect des droits de l'homme.

D'autre part, la mondialisation peut entraîner de nouveaux défis qui menacent la souveraineté des États et portent atteinte aux droits de l'homme, tels que l'exploitation économique ou la colonisation intellectuelle visant à éliminer la diversité culturelle et politique.

Les expériences passées ont montré que la mondialisation n'est pas nécessairement toujours un phénomène positif. Ses effets doivent soigneusement être examinés et l'équilibre nécessaire pour préserver la souveraineté des États et les droits de l'homme doit être reconnu. Il est donc crucial de comprendre et d'identifier les effets positifs et négatifs potentiels de la mondialisation sur la souveraineté et les droits de l'homme [12]. En effet, cela constituera l'une des bases fondamentales pour formuler les futures stratégies diplomatiques et promouvoir les droits de l'homme aux niveaux national et international.

Le rôle des organismes internationaux dans la recherche d'un équilibre

Les organismes internationaux jouent un rôle crucial dans la recherche d'un équilibre entre la souveraineté des États et les droits de l'homme. Des organisations telles que les Nations unies et Amnesty International ont une influence significative sur la manière dont les États traitent les questions relatives aux droits de l'homme. Les Nations unies et les forums diplomatiques internationaux servent de plate-forme pour discuter des questions relatives aux droits de l'homme, souligner leur importance et fournir des orientations ainsi que des recommandations aux États membres sur le respect et la promotion de ces droits.

Ces organisations surveillent et signalent également les violations des droits humains et imposent des sanctions aux États qui violent ces droits. Grâce à ces mesures, les organismes internationaux cherchent à trouver un équilibre entre la souveraineté des États et la protection des droits humains. Cependant, ces organismes continuent de se heurter à des défis importants dans la réalisation de leurs objectifs, tels que la résistance politique de certains États et les difficultés financières et opérationnelles liées à la mise en œuvre des décisions. [13]

En outre, l'autorité des organismes internationaux peut être menacée par certaines parties opposées à leur ingérence dans les affaires des États. Par conséquent, les organismes internationaux doivent agir avec prudence et sagesse afin de trouver un équilibre entre la souveraineté des États et les droits de l'homme et de garantir la protection de ces derniers sans compromettre la souveraineté des États. [14]

Défis futurs pour la diplomatie et les droits de l'homme

La période actuelle est marquée par d'énormes défis pour la diplomatie des droits de l'homme, alors que les tensions s'intensifient entre le concept de souveraineté nationale et la nécessité de respecter les droits de l'homme. Trouver un équilibre entre ces deux concepts est l'un des défis les plus difficiles auxquels la communauté internationale est confrontée aujourd'hui. [15] Avec les progrès technologiques et l'intégration économique et culturelle croissante entre les États, il devient nécessaire de trouver de nouvelles stratégies qui favorisent les droits de l'homme sans compromettre la souveraineté nationale.

L'un des défis futurs les plus importants est l'impact croissant de la technologie sur les droits de l'homme. Les progrès technologiques offrent de nouvelles possibilités de promouvoir les droits de l'homme et de faciliter la participation communautaire. Ils soulèvent cependant également des préoccupations concernant la protection de la vie privée et le contrôle des données personnelles par les gouvernements. Parmi les autres défis figurent l'isolationnisme et le nationalisme croissants dans certains pays, qui pourraient avoir un impact négatif sur la coopération internationale en matière de protection des droits de l'homme à l'échelle mondiale.

Le changement climatique et la dégradation de l'environnement posent par ailleurs des défis importants en matière de droits humains, en particulier dans les régions pauvres. Il est essentiel que les diplomates et les dirigeants internationaux aient une vision prospective qui permette de relever efficacement ces défis. La coopération internationale doit être renforcée et des partenariats stratégiques doivent être mis en place afin de garantir le respect des droits humains sans compromettre la souveraineté nationale. Il est aussi nécessaire de stimuler la recherche scientifique et le développement technologique qui favorisent les droits humains et répondent aux besoins des différents pays.

Il est également nécessaire d'activer le rôle des organisations internationales et de la société civile dans la surveillance du respect des droits de l'homme et le lobbying en faveur d'un changement positif. Pour relever les défis futurs en matière de diplomatie et de droits de l'homme, il faut des efforts conjoints et une compréhension approfondie de l'interaction complexe entre les intérêts des États et les droits de l'homme. Lorsque nous nous tournons vers l'avenir, nous devons toujours garder à l'esprit que la protection des droits de l'homme profite à l'humanité tout entière et privilégie la stabilité mondiale ainsi que le progrès économique et social.

Peut-on envisager un nouvel avenir pour la souveraineté et les droits de l'homme ?

Si les défis futurs exigent de repenser la relation entre souveraineté et droits de l'homme, il devient alors essentiel d'envisager un nouvel avenir. Le monde semble s'orienter vers des changements radicaux dans notre compréhension de la souveraineté nationale et des droits de l'homme, ainsi que de leur équilibre mutuel. Les questions diplomatiques et relatives aux droits de l'homme ont connu des transformations significatives lors des dernières décennies, et cette réalité ne peut être ignorée. Cela a nécessité la recherche de solutions innovantes qui favorisent un équilibre entre souveraineté et droits de l'homme.

Les diplomates et les décideurs doivent rechercher de nouveaux mécanismes mûrement réfléchis pour traiter et surmonter radicalement les conflits futurs. Dans ce contexte, accroître la transparence et la responsabilité des États et des organisations internationales peut constituer une étape cruciale vers la construction d'un nouvel avenir dans lequel l'équilibre entre souveraineté et droits de l'homme est stable et durable. Le chemin vers un changement radical ne sera probablement pas facile. Ainsi, les transformations majeures nécessitent des efforts conjoints, une coopération internationale et un dialogue ouvert sur des questions complexes et interdépendantes.

Il sera essentiel de relever les défis futurs avec souplesse et sagesse pour garantir la stabilité et le progrès à l'échelle mondiale. Face aux défis de la mondialisation, de la technologie et des changements politiques et économiques, les lois internationales et les normes en matière de droits de l'homme doivent être souples et adaptables afin de suivre efficacement le rythme de ces transformations. Seules l'innovation et la coopération peuvent nous donner l'assurance que nous réussirons à surmonter ces défis et à offrir aux générations futures un avenir radieux et durable.

Références

Souveraineté nationale contre droits de l'homme

[1] Le chercheur fait la distinction entre les positions souveraines nationalistes et démocratiques, soulignant l'importance du contexte local, de l'interprétation et de la langue vernaculaire pour la souveraineté des peuples autonomes et les droits de l'homme. Voir :

S. Benhabib. « Claiming Rights across Borders : International Human Rights and Democratic Sovereignty » (Revendiquer ses droits au-delà des frontières : droits humains internationaux et souveraineté démocratique). American Political Science Review, 103 (2009) : 691-704. https://doi.org/10.1017/S0003055409990244.

[2] Ce chercheur estime que le modèle westphalien de l'État souverain, fondé sur l'autonomie, le territoire, la reconnaissance mutuelle et le contrôle, constitue une norme pour évaluer l'érosion de la souveraineté dans le monde contemporain. Voir :

Stephen D. Krasner, « Rethinking the Sovereign State Model » (Repenser le modèle de l'État souverain). Review of International Studies, 27 (2001) : 17-42. https://doi.org/10.1017/S0260210501008014.

[3] Ce chercheur soutient que la souveraineté et les droits de l'homme sont deux éléments normatifs interdépendants d'un discours moderne unique sur l'État légitime et l'action légitime de l'État, qui a façonné le système international lors du XXe siècle. Voir :

Christian Reus-Smit, « Human rights and the social construction of sovereignty » (Les droits de l'homme et la construction sociale de la souveraineté). Review of International Studies, 27 (2001) : 519-538. https://doi.org/10.1017/S0260210501005198.

[4] Certains chercheurs notent que les gouvernements plus récents et moins stables ont tendance à accepter les obligations internationales en matière de droits de l'homme afin de promouvoir la démocratie interne et de réduire l'incertitude politique. Voir :

A. Moravcsik, « The Origins of Human Rights Regimes : Democratic Delegation in Postwar Europe » (Les origines des régimes des droits de l'homme : la délégation démocratique dans l'Europe d'après-guerre). International Organization, 54 (2000) : 217-252. https://doi.org/10.1162/002081800551163.

[5] Certains observent que la souveraineté nationale évolue progressivement sous la pression internationale en matière de droits de l'homme, les réseaux non gouvernementaux jouant un rôle clé dans cette transformation. Voir :

Kathryn Sikkink. « Human rights, principled issue-networks, and sovereignty in Latin America » (Droits de l'homme, réseaux thématiques fondés sur des principes et souveraineté en Amérique latine). International Organization, 47 (1993) : 411-441. https://doi.org/10.1017/S0020818300028010

[6] Daniel Levy et N. Sznaider. « Sovereignty transformed : a sociology of human rights » (La souveraineté transformée : une sociologie des droits humains). The British Journal of Sociology, 57 4 (2006) : 657-76. https://doi.org/10.1111/J.1468-4446.2006.00130.X

[7] Il convient de noter que les États-Unis, qui se sont érigés en « champions des droits de l'homme » à l'étranger, ainsi qu'une multitude de pays occidentaux, ont à plusieurs reprises fermé les yeux sur les droits humains des Palestiniens, privés de leurs terres ancestrales et continuent de subir les ravages de la guerre, les meurtres, la destruction et la torture aux mains des soldats d'occupation, qui bénéficient du soutien total des pays occidentaux qui rejettent même l'idée de la résistance palestinienne, malgré sa reconnaissance par les résolutions des Nations unies. Il s'agit en fait d'un problème moral. Voir nos livres :

Hichem Karoui. Les enfants de Gaza : Requiem pour une civilisation en déclin. Global East-West (Londres : 2023).

---------------------- Le droit de résister. Global East-West (Londres : 2023).

[8] Israël en est un excellent exemple. Voir les deux sources précédentes.

[9] J. Chopra et T. Weiss, « La souveraineté n'est plus sacro-sainte : codifier l'intervention humanitaire ». Ethics & International Affairs, 6 (1992) : 95-117. https://doi.org/10.1111/j.1747-7093.1992.tb00545.x

[10] Julian G. Ku et J. Yoo. « Globalisation and Sovereignty ». Berkeley Journal of International Law, 31 (2013) : 210. https://doi.org/10.15779/Z38T076.

[11] Jean-Louis Cohen, « Globalisation and Sovereignty : Rethinking Legality, Legitimacy, and Constitutionalism » (2012). https://doi.org/10.1017/cbo9780511659041.

[12] La mondialisation contribue à modifier et à réduire la portée de la souveraineté des États, ce qui a des répercussions sur les accords internationaux, les flux financiers et les questions relatives aux droits de l'homme.

N. Sivakumar et S. Baskaran, « Globalisation and Nation State » (Mondialisation et État-nation). International Journal for Innovation Education and Research, 2 (2014) : 81-88. https://doi.org/10.31686/IJIER.VOL2.ISS8.225.

[13] Ce chercheur estime que l'impact de la mondialisation sur le droit international doit être reconsidéré afin qu'il achève les principes universels tels que les droits de l'homme et la sécurité collective, plutôt que d'abandonner le concept de souveraineté.

Jean-Louis Cohen, « Whose Sovereignty ? Empire versus International Law » (À qui appartient la souveraineté ? L'empire contre le droit international). Ethics & International Affairs, 18 (2004) : 1-24. https://doi.org/10.1111/j.1747-7093.2004.tb00474.x.

[14] K. Griffin, « Economic Globalisation and Institutions of Global Governance » (Mondialisation économique et institutions de gouvernance mondiale). Development and Change, 34 (2003) : 789-808. https://doi.org/10.1111/J.1467-7660.2003.00329.X.

[15] Le chercheur estime que la souveraineté doit être reconsidérée à la lumière des récents changements dans les relations internationales, mais qu'elle doit continuer à jouer un rôle central dans l'évaluation de la légitimité ou de l'illégitimité des acteurs politiques mondiaux. Voir :

O. Dahbour, « Advocating Sovereignty in an Age of Globalisation » (Défendre la souveraineté à l'ère de la mondialisation). Journal of Social Philosophy, 37 (2006) : 108-126. https://doi.org/10.1111/J.1467-9833.2006.00305.X La souveraineté et la mondialisation : une perspective critique.

9
Économie des droits de l'homme
L'impact mutuel de l'économie et des droits

Définition du concept d'économie des droits humains

L'interaction entre les politiques économiques et les droits de l'homme intéresse de nombreux chercheurs et critiques. Ainsi, il est essentiel de la comprendre pour saisir toute la profondeur de la relation entre les dimensions économiques et humaines. Cette relation a fait l'objet d'une grande attention. Ainsi, elle a une incidence directe sur la vie des personnes, les communautés et le développement économique et social mondial. Il est donc essentiel de définir le concept d'économie des droits de l'homme et d'en comprendre les principes fondamentaux et les mécanismes de fonctionnement.

Cette définition vise à brosser un tableau complet qui reflète les dimensions théoriques et pratiques de ce concept complexe et multiforme. Dans ce contexte, l'interaction entre les politiques économiques et la protection des droits de l'homme se manifeste de nombreuses façons différentes. Si les politiques économiques et de développement peuvent avoir une incidence sur le niveau de vie et les opportunités économiques d'un individu, elles peuvent également avoir une incidence sur l'égalité, la justice sociale et d'autres opportunités disponibles.

De même, la protection des droits de l'homme dépend fortement des politiques économiques et de la répartition équitable des richesses et des opportunités. L'analyse et la compréhension de cette interaction contribuent à une meilleure compréhension des défis auxquels sont confrontés la croissance économique et l'évolution des sociétés, ainsi qu'à l'élaboration de politiques qui favorisent le développement durable et la protection des droits de l'homme. Cette interaction étant complexe et interdépendante, sa compréhension nécessite une analyse globale qui englobe à la fois les aspects théoriques et pratiques. Dans ce contexte, nous devons clarifier les points les plus cruciaux qui démontrent la complexité de cette interaction et son impact tant sur les individus que sur les sociétés.

Les fondements théoriques de la relation entre l'économie et les droits de l'homme

La relation entre l'économie et les droits de l'homme est une question complexe qui a suscité de nombreux débats sur la scène internationale. Elle représente un chevauchement complexe entre les aspects économiques, sociaux et politiques qui affectent la vie des personnes et guident le développement de la société. [1] Les origines de cette relation remontent à la philosophie économique, juridique et éthique, selon laquelle les êtres humains sont considérés comme des entités économiques et sociales dotées de droits qui ne sont pas moins importants que leurs droits économiques. [2]

Le rôle des politiques économiques dans la promotion ou la violation des droits de l'homme

Les politiques économiques jouent un rôle déterminant dans

la mesure où elles favorisent ou compromettent les droits de l'homme au sein des sociétés. Les dirigeants et les responsables économiques peuvent considérablement influencer les conditions de vie et les droits fondamentaux des citoyens par leurs décisions économiques. Il est donc essentiel de comprendre comment les politiques économiques peuvent avoir un impact positif ou négatif sur les droits de l'homme. Ces politiques économiques peuvent inclure des décisions relatives à la répartition équitable des revenus et des richesses, ainsi que des politiques fiscales, des dépenses publiques et des politiques de pression monétaire.

Par conséquent, les politiques visant à favoriser la croissance économique, à promouvoir l'investissement et à créer des emplois sûrs sont autant de facteurs qui ont une incidence sur les droits humains. Lorsque des emplois décents sont disponibles et que les revenus sont répartis équitablement, les droits économiques et sociaux sont réalisés et les conditions de vie des individus s'améliorent.

Les politiques économiques doivent donc viser à promouvoir la justice sociale et à parvenir à un développement durable qui réponde aux besoins fondamentaux des groupes les plus vulnérables de la société. Si les politiques économiques manquent d'équilibre et ne tiennent pas compte des droits sociaux et humains, elles peuvent aggraver la pauvreté et accroître les inégalités économiques et sociales, ce qui a un impact négatif sur les droits fondamentaux des personnes. Il est donc essentiel que les politiques économiques fassent partie intégrante des efforts nationaux et internationaux visant à garantir la préservation et la promotion des droits de l'homme dans un contexte économique en mutation. [3]

L'impact mutuel de la croissance économique sur les droits fondamentaux

La croissance économique influe de nombreuses façons sur les droits de l'homme. Par exemple, une croissance économique à long terme peut améliorer le niveau de vie et la santé des populations. Elle peut donc contribuer à offrir des possibilités d'emploi adéquates et à augmenter les revenus, favorisant ainsi les droits économiques et sociaux de l'homme. Toutefois, cette relation doit être considérée avec prudence, car la croissance économique ne s'accompagne pas nécessairement d'une répartition équitable des richesses et des opportunités dans la société.

Une attention excessive accordée à la croissance économique sans tenir compte de la justice sociale peut entraîner une augmentation des disparités économiques et sociales, ce qui a un impact négatif sur les droits de l'homme et renforce la discrimination et l'injustice. Il est donc essentiel d'analyser attentivement les différentes politiques économiques et leur impact potentiel sur les droits de l'homme. Ces politiques doivent inclure des stratégies bien conçues pour promouvoir la justice sociale et réduire les disparités, ainsi qu'une protection efficace des droits de l'homme pour tous les segments de la société. [4]

En outre, nous devons tenir compte de l'impact des évolutions économiques mondiales et des changements dans les modèles économiques sur les droits de l'homme dans diverses sociétés. Une croissance économique rapide peut contribuer à la promotion de certains droits. Cependant, elle peut également en menacer d'autres, en particulier dans les environnements fragiles et les communautés vulnérables. Grâce à cette analyse approfondie, nous pouvons éviter les erreurs susceptibles d'entraver les progrès vers une justice et des droits de l'homme durables.

Exemples de l'impact de l'économie sur les droits de l'homme

La question de l'impact de l'économie sur les droits de l'homme suscite un intérêt considérable chez les chercheurs. Les recherches montrent comment la situation économique de différents pays peut avoir une incidence significative sur les droits de l'homme des citoyens. [5] Dans de nombreux pays, les effets de la détérioration économique sur les droits de l'homme sont explicitement et concrètement visibles.

L'un des exemples les plus importants de cette évolution est la récente crise économique en Grèce, où le chômage s'est aggravé et la pauvreté a considérablement augmenté, affectant négativement les droits fondamentaux de nombreux citoyens.

Dans les pays en développement, les effets négatifs de la pauvreté et du chômage sur les droits humains sont encore plus évidents, de nombreuses personnes souffrant de faibles revenus et d'un manque d'opportunités d'emploi décent. Dans ce contexte, nous pouvons nous appuyer sur des études qui traitent de la situation des pays africains souffrant de conditions économiques difficiles et d'impacts négatifs sur les droits humains. Des exemples de cette situation sont la faim et le manque de services de santé et d'éducation.

En outre, les effets de la répartition inégale des richesses sur les droits humains peuvent être observés dans de nombreux pays. Différentes couches de la société y vivent en dessous du seuil de pauvreté tandis que la richesse s'est concentrée entre les mains d'un nombre limité d'individus [7]. Cela affecte les opportunités pour tous et accroît la discrimination et l'injustice sociale.

Ces exemples démontrent la relation étroite entre les conditions économiques et les droits humains, suggérant qu'il convient de considérer les aspects économiques lors des discussions sur les questions relatives aux droits humains et de l'élaboration de politiques publiques visant à améliorer les conditions économiques et sociales pour tous.

L'impact de l'économie sur divers segments de la société à travers la pauvreté et la discrimination

La pauvreté et la discrimination comptent parmi les plus grands défis auxquels sont confrontées les sociétés à travers le monde, et les personnes pauvres et marginalisées sont particulièrement touchées par le déclin économique, qui a un impact négatif sur leur vie. Les conditions économiques difficiles accentuent le manque d'opportunités et réduisent les ressources des individus et des familles, ce qui conduit à des divisions sociales et économiques plus importantes. Si cette détérioration se poursuit sans mesures urgentes et efficaces, elle exacerbera la discrimination et les différences de niveau de vie entre les différentes classes sociales.

C'est là que les politiques sociales et économiques entrent en jeu pour uniformiser les règles du jeu et donner à chacun les mêmes chances. Investir dans l'amélioration des possibilités d'emploi et fournir des services de base tels que l'éducation et les soins de santé peuvent réduire l'impact de l'économie sur la pauvreté et contribuer à améliorer la vie des groupes marginalisés.

Pour atteindre cet objectif, les décideurs doivent envisager la mise en œuvre de politiques sociales équitables et de celles économiques efficaces qui favorisent l'inclusion et offrent des possibilités de développement à tous les membres de la société. D'autre part, nous devons éviter les mesures économiques qui creusent les écarts sociaux et économiques et alourdissent le fardeau de la pauvreté pour les groupes vulnérables. Il est essentiel de trouver un équilibre entre le développement économique et la préservation des droits de l'homme pour construire des sociétés durables et équitables.

Investir dans les droits de l'homme : perspectives économiques et sociales

Investir dans les droits humains est un aspect essentiel qui joue un rôle crucial dans la construction de sociétés prospères et stables. Investir dans les droits humains fait référence aux efforts et aux ressources alloués pour garantir la protection des droits fondamentaux, tels que la santé, l'éducation et une vie décente pour tous les membres de la société. Investir efficacement dans les droits humains nécessite des stratégies fondées sur des bases économiques et sociales qui visent à atteindre la justice et le développement durable.

D'autre part, l'économie considère l'investissement comme le processus d'allocation de ressources visant à obtenir des rendements et des avantages économiques. C'est là que surgissent les défis et les paradoxes lorsqu'on tente de concilier les objectifs économiques et la réalisation des droits humains. [10]

L'impact de l'investissement dans les droits humains est évident dans la réalisation d'un développement global et la promotion de la stabilité sociale. Cela permet d'offrir à tous les membres de la société la possibilité de participer efficacement à la vie publique et économique. Dans cette perspective, l'investissement dans les droits humains renvoie à la reconnaissance de l'importance d'offrir un environnement propice à la justice sociale et à l'égalité des chances. [11]

Investir dans les droits de l'homme réduit les disparités sociales et permet d'atteindre l'équilibre économique en améliorant la productivité et en augmentant le niveau de vie. Dans ce contexte, les politiques économiques et sociales jouent un rôle essentiel dans l'équilibre entre les objectifs économiques et sociaux. Cela souligne également l'importance d'adopter une approche globale axée sur l'égalité et la justice afin d'orienter les investissements vers l'amélioration des conditions de vie de tous, sans discrimination. Pour atteindre cet objectif, il est nécessaire de renforcer les cadres de protection sociale et d'améliorer les capacités des individus grâce à l'autonomisation économique et sociale. De cette manière, l'investissement dans les droits de l'homme devient partie intégrante de la réalisation de la durabilité économique et sociale.

Concurrence économique et course aux droits humains

Depuis des siècles, les êtres humains échangent des ressources, du pouvoir et des richesses pour survivre et prospérer. Cette concurrence a évolué pour devenir une course qui englobe tous les aspects de la vie, y compris l'économie et les droits de l'homme. Cette course reflète la manière dont les gens agissent et pensent dans le monde actuel, en particulier dans les relations entre les États et les sociétés. [12]

Cette course comporte le risque de négliger les droits humains ou de les utiliser comme un outil pour obtenir des gains économiques et stratégiques. Cette course est influencée par de multiples facteurs, notamment les progrès technologiques, les changements économiques mondiaux, les politiques étatiques et la concurrence géopolitique. La course à la concurrence entre les grandes puissances économiques a un impact significatif sur les droits humains dans le monde entier. Ce phénomène est explicitement visible dans les questions liées à la main-d'œuvre bon marché, au changement climatique, aux droits des enfants et à la discrimination socio-économique.

Les pays doivent reconnaître cette réalité complexe en mettant en œuvre des politiques économiques équilibrées et durables qui tiennent compte à la fois des impacts humains et sociaux, en plus de économiques. Le monde a besoin d'un modèle économique fondé sur le développement durable et la préservation des droits humains comme élément fondamental de son approche. La diplomatie peut jouer un rôle de premier plan dans ce domaine en favorisant la coopération internationale et en encourageant des politiques économiques équilibrées qui encouragent la croissance sans compromettre les droits humains. Cette approche peut transformer la course économique en une opportunité de parvenir à un développement durable et de faire progresser les droits humains pour tous.

Proposer des politiques économiques qui respectent les droits de l'homme

Des études et expériences menées à l'échelle mondiale suggèrent que des politiques économiques saines et durables peuvent avoir un impact positif sur les droits humains. Nous devrions orienter ces politiques vers la promotion de l'égalité économique et des opportunités pour tous les membres de la société, indépendamment de leur genre ou de leur origine sociale. Parmi les propositions pouvant être adoptées pour promouvoir les droits humains par le biais de politiques économiques, on peut citer l'augmentation des investissements dans l'éducation et les soins de santé, ainsi que la garantie d'un revenu de base pour les groupes vulnérables et défavorisés. L'encouragement des investissements dans les infrastructures et les technologies afin d'offrir des opportunités d'emploi décentes et durables est également une piste intéressante.

Des améliorations peuvent également être obtenues en activant des partenariats entre le secteur public, le secteur privé et la société civile afin d'orienter les investissements vers des projets sociaux et environnementaux durables. Le développement durable ne peut être réalisé sans l'activation des gouvernements et des institutions internationales dans la mise en place de mécanismes de surveillance et de réglementation visant à garantir une répartition équitable et équilibrée des richesses et des opportunités.

En résumé, les politiques économiques qui promeuvent les droits de l'homme doivent adopter les principes d'inclusion et de justice sociale comme mesures fondamentales du succès. En outre, elles doivent faire partie intégrante d'une vision globale visant à construire des sociétés prospères et durables qui garantissent la justice et le progrès pour tous.

L'intégration de l'économie et des droits de l'homme est essentielle pour parvenir à un avenir durable

L'intégration de l'économie et des droits humains est cruciale pour parvenir à un avenir durable qui garantisse la prospérité pour tous. Le respect et la promotion des droits humains, associés à la dynamique économique, influencent considérablement le bien-être et le progrès des sociétés. La croissance économique améliore l'accès aux droits fondamentaux, tels que l'éducation, la santé et un logement adéquat, tandis que la réalisation des droits humains renforce l'économie en créant un environnement propice à l'investissement et à l'innovation.

L'intégration efficace de l'économie et des droits humains se manifeste dans la capacité des sociétés à parvenir à un développement global et durable. Dans ce dernier, la croissance économique est liée à la justice sociale et à l'égalité des chances pour tous les membres de la société. Nous devons orienter les politiques économiques vers la promotion des droits humains et la réduction des disparités économiques et sociales, en mettant l'accent sur les principes éthiques et de durabilité.

La réalisation de l'intégration entre l'économie et les droits de l'homme nécessite une coopération internationale forte et des visions avancées pour élaborer des politiques économiques et sociales qui établissent un équilibre entre la croissance économique et la justice. Elle nécessite également un engagement à renforcer la coopération internationale et à échanger des expériences afin de garantir un développement durable et une interaction positive entre l'économie et les droits de l'homme. [16]

Cette conclusion devrait donc nous motiver à œuvrer avec diligence à la création de modèles économiques fondés sur la justice et la durabilité, qui établissent un équilibre entre la prospérité économique et le respect des droits de l'homme. [17] Nous devons collaborer, comme communauté internationale, pour œuvrer en faveur d'un avenir durable qui garantisse une vie décente à tous les êtres humains.

Conclusion

Dans l'ensemble, les recherches portent sur l'interrelation entre l'économie et les droits de l'homme et sur la manière dont chacun peut influencer l'autre. Les études dans ce domaine vont de l'analyse de l'impact économique des droits de l'homme à l'exploration de la manière dont les principes de ceux-ci peuvent être intégrés dans les politiques économiques, en passant par l'évaluation des défis et des opportunités qui découlent de cette interaction. Ce qui précède peut être résumé par les points clés suivants :

Intégration entre l'économie et les droits de l'homme :

On observe une tendance croissante à intégrer les droits de l'homme dans les politiques économiques, ce qui peut conduire à une amélioration de la justice sociale et à un accroissement des libertés et des choix pour les individus [18].

Les droits de l'homme peuvent fournir un cadre normatif qui aide les économistes à traiter les questions d'exploitation et de relations de pouvoir [19].

L'impact économique des droits de l'homme :

Les droits humains fondamentaux favorisent l'investissement dans le capital humain et physique, mais ne contribuent pas nécessairement de manière significative à l'amélioration de la productivité [20].

Les droits sociaux ou libertaires contribuent à améliorer la productivité, mais n'encouragent pas l'investissement dans le capital physique [21].

Défis liés à l'intégration des droits humains dans les politiques économiques :

Il existe un décalage historique et contemporain entre les droits humains et les politiques économiques, ce qui complique le processus d'intégration de ces derniers. [22]

Certains économistes affirment que les droits humains sont susceptibles de nuire à l'efficacité du système juridique et que les droits sociaux généraux sont susceptibles d'être incompatibles avec les économies de marché. [23]

La reconnaissance des droits économiques, sociaux et culturels comme droits humains est essentielle :

Il est urgent de réintégrer les droits économiques, sociaux et culturels dans le paradigme général des droits de l'homme, en particulier compte tenu des défis auxquels ils sont confrontés dans certaines régions.

Impacts mondiaux :

La mondialisation et la démocratie peuvent parfois être en contradiction, ce qui affecte la manière dont les droits humains sont appliqués dans différents contextes économiques.

Ainsi, les recherches indiquent qu'il existe une interaction complexe entre l'économie et les droits humains, où chacun peut renforcer l'autre dans certains contextes tout en rencontrant des défis dans d'autres. L'intégration des droits humains dans les politiques économiques peut conduire à une amélioration de la justice sociale et à un accroissement des libertés, mais cela nécessite de surmonter la séparation historique et contemporaine entre ces deux domaines.

Références

Économie des droits humains

[1] Les recherches montrent qu'il existe une complémentarité entre les théories économiques et les principes des droits humains, dans la mesure où le cadre théorique de ceux-ci peut aider à dépasser certaines lacunes de l'approche du bien-être économique et aborder les questions d'exploitation et de relations de pouvoir. Voir :

Dan Seymour, Jonathan Pincus. (2008). Human Rights and Economics : the Conceptual Basis for their Complementarity. https://doi.org/10.1111/j.1467-7679.2008.00415.x

[2] Certaines recherches soulignent l'importance d'une transformation de la pensée économique pour relever les défis actuels tels que l'extrême pauvreté, les inégalités et les menaces environnementales. Elles affirment en outre que les droits humains peuvent apporter un changement radical dans les politiques économiques et la planification au service de la justice sociale. Voir par exemple :

Radhika Balakrishnan, James Heintz, Diane Elson. What Does Inequality Have to Do With Human Rights? 2015. htt ps://shorturl.at/mjtEz

[3] Certains suggèrent que l'économie des droits humains soit une branche distincte et complémentaire de l'économie, intégrant ses principes fondamentaux dans la pensée et la politique économiques. Voir :

Caroline Dommen. « Human Rights Economics ». Human Rights Quarterly, 45 (2023) : 205-238. https://doi.org/10.1353/hrq.2023.0011.

[4] Selon Blume et Voigt, les droits humains fondamentaux renforcent l'efficacité et ont un effet positif sur l'investissement, mais pas sur la productivité, tandis que les droits sociaux ou libertaires contribuent à améliorer celle-ci. Voir :

L. Blume et S. Voigt, « The Economic Effects of Human Rights ». Political Economy (Topic) (2004). https://doi.org/10.1111/j.1467-6435.2007.00383.x.

[5] L'article examine comment les femmes des zones rurales du Bangladesh sont touchées de manière disproportionnée par la pauvreté, puisqu'elles sont confrontées à des taux d'analphabétisme plus élevés, à la malnutrition et à la discrimination dans l'emploi.

Alam, Khosrul, Mme Binata Rani Sen, T. Islam et Md. Farid Dewan. « Les femmes dans l'économie rurale à la lumière de la pauvreté : perspective du Bangladesh », 2015.

[6] Matsai et Raniga (2021) ont étudié les contraintes économiques et les stratégies d'adaptation des mères célibataires vivant dans la pauvreté au Zimbabwe, mettant en lumière la manière dont elles font face aux difficultés financières et à la discrimination sociale.

Matsai, Vimbainashe et T. Raniga. « ECONOMIC STRESSORS AND COPING STRATEGIES OF SINGLE MOTHERS LIVING IN POVERTY IN ZIMBABWE » (Pressions économiques et stratégies d'adaptation des mères célibataires vivant dans la pauvreté au Zimbabwe). Social Work, 2021.

[7] Teodorescu et Molina (2020) ont analysé comment les travailleurs de rue roms en Suède font face à la pauvreté raciale et à des conditions de logement précaires, illustrant ainsi comment les groupes marginalisés peuvent être exclus des opportunités économiques.

Teodorescu, Dominic. et Irene Molina. « Les travailleurs roms des rues à Uppsala : pauvreté racialisée et conditions de logement extrêmement précaires en Roumanie et en Suède ». International Journal of Housing Policy 21 (2020) : 401-22.

[8] Alam, Khosrul, Mme Binata Rani Sen, T. Islam et Md. Farid Dewan. 2015. Source citée.

[9] Marriott et al. (2023) examinent la manière dont les institutions de financement du développement respectent leurs obligations en matière de droits humains dans le domaine de la santé, en faisant valoir que les approches d'investissement actuelles peuvent limiter la réalisation du droit à la santé.

Marriott, Anna, Anjela Taneja et Linda Oduor-Noah. « Les institutions financières de développement respectent-elles leurs obligations en matière de droits humains dans le domaine de la santé ? » Health and Human Rights: An International Journal 25 (2023) : 141-53.

[10] Omen (2023) a proposé le concept d'« économie des droits humains » comme une branche distincte de l'économie qui intègre les principes fondamentaux des droits humains dans la pensée et la politique économiques.

Dommen, Caroline. « Human Rights Economics ». Human Rights Quarterly 45 (2023) : 205-38.

[11] Obadah (2024) a étudié les dotations éducatives et leur rôle dans l'investissement dans le capital humain d'un point

de vue économique islamique. Il a ainsi montré comment elles peuvent contribuer à améliorer les niveaux d'éducation et à alléger la charge financière pesant sur les budgets de l'État.

Obadah, Ibrahim. « Educational Endowments and Their Role in Investing in Human Capital – Islamic Economic Assessment. » Jordan Journal of Islamic Studies, 2024.

[12] Guasti et Koenig-Archibugi ont cherché à savoir si la concurrence commerciale mondiale avait conduit à un nivellement par le bas des normes du travail, et n'ont trouvé aucune preuve d'un tel nivellement dans la plupart des pays sur une période d'environ trois décennies.

Guasti, A., et Mathias Koenig-Archibugi. « Has Global Trade Competition Really Led to a Race to the Bottom in Labor Standards ? » International Studies Quarterly, 2022.

[13] Wang (2018) a fait valoir que les politiques en matière de droits des travailleurs d'un pays dépendent des décisions de politique du travail de ses concurrents économiques. Cela peut entraîner un recul de la protection des travailleurs en raison de la concurrence pour les investissements étrangers et les exportations.

Wang, Zhiyuan. « Economic Competition, Policy Interdependence, and Labour Rights ». New Political Economy 23 (2018) : 656-73.

[14] Efrat et Yair (2023) ont étudié les attitudes du public à l'égard des exportations d'armes vers les pays qui violent les droits humains et ont conclu que les violations de ceux-ci augmentaient considérablement l'opposition du public aux ventes d'armes.

Efrat, A., et O. Yair. « Should We Sell Arms to Human Rights Violators ? What the Public Thinks. » Defence and Peace Economics, 2023.

[15] Bexell et al. (2023) ont examiné le renforcement des objectifs de développement durable par l'intégration des droits humains, appelant à une approche plus holistique du développement qui intègre les principes des droits humains.

Bexell, Magdalena, T. Hickmann, et Andrea Schapper. « Renforcer les objectifs de développement durable grâce à l'intégration des droits humains ». International Environmental Agreements : Politics, Law and Economics 23 (2023) : 133-39.

[16] Mesquita (2024) a proposé de réinterpréter les droits humains dans le contexte de la crise climatique. Il a ainsi appelé à dépasser la croissance économique et le développement non durable pour adopter une approche de décroissance compatible avec les droits humains dans les limites de la planète.

Mesquita, Judith R. Bueno. « Réinterpréter les droits humains dans le contexte de la crise climatique : dépasser la croissance économique et le développement (non) durable pour aller vers un avenir avec la décroissance ». Netherlands Quarterly of Human Rights 42 (2024) : 90-115.

[17] Insani et al. (2024) ont exploré la convergence entre la charia, les droits humains et l'économie islamique dans l'autonomisation des femmes musulmanes, soulignant la nécessité d'une approche multidimensionnelle pour parvenir à l'égalité des sexes et au développement durable.

Insani, Nur, Zumiyati Sanu Ibrahim, Suud Sarim Karimullah, Yavuz Gönan et Sulastri Sulastri. « Empowering Muslim Women : bridging Islamic law and human rights with Islamic economics ». De Jure, 2024.

[18] Caroline Dommen. 2023. Source citée.

[19] D. Seymour. (2008). Source citée.

[20] L. Blume et S. Voigt. (2004). Source citée.

[21] Même référence.

[22] A. Nolan et J. P. Bohoslavsky. « Human rights and economic policy reforms » (Droits humains et réformes des politiques économiques). *The International Journal of Human Rights*, 24 (2020) : 1247-1267. https://doi.org/10.1080/13642987.2020.1823638.

[23] L. Blume et S. Voigt (2004). Source mentionnée.

[24] Jessie Hohmann. « Research handbook on economic, social and cultural rights as human rights » (Manuel de recherche sur les droits économiques, sociaux et culturels comme droits humains). *Australian Journal of Human Rights*, 27 (2021) : 185-187. https://doi.org/10.1080/1323238X.2021.1954141.

[25] M. Branco, « Economics Versus Human Rights » (2008). https://doi.org/10.4324/9780203885024.

10
Efficacité diplomatique
Stratégies pour promouvoir les droits de l'homme

Une vision globale de la diplomatie des droits humains

La diplomatie est l'un des outils principaux et les plus efficaces pour promouvoir et protéger les droits de l'homme au niveau international. Elle permet aux États et à la communauté internationale d'interagir et de coopérer afin d'élaborer des stratégies et des politiques qui contribuent à l'établissement d'une culture durable des droits de l'homme. Cette fonction découle de sa capacité à influencer et à communiquer avec divers acteurs internationaux et non gouvernementaux afin d'atteindre des objectifs spécifiques dans ce domaine.

Pour parvenir à une vision globale de la diplomatie des droits de l'homme, il est nécessaire d'intégrer et d'achever les aspects politiques, juridiques, économiques et sociaux dans le but de garantir une protection et une promotion radicales et efficaces de ces droits. Il est essentiel de comprendre la vision globale de la diplomatie des droits de l'homme pour savoir comment équilibrer les intérêts des États et les droits de l'homme et promouvoir la coopération internationale. Le rôle de la diplomatie se caractérise par sa flexibilité et sa durabilité. Ainsi, les processus diplomatiques nécessitent des efforts continus et organisés pour garantir la réalisation des objectifs liés à la promotion effective des droits de l'homme.

Définir des objectifs diplomatiques liés aux droits de l'homme

La définition d'objectifs diplomatiques liés aux droits de l'homme est essentielle dans le contexte des relations internationales et des interactions diplomatiques. Ces objectifs doivent être spécifiques et conformes aux valeurs et aux principes éthiques associés aux droits de l'homme, et ils doivent être mesurables et évaluables. Un objectif diplomatique concernant les droits de l'homme doit viser à les faire progresser et à garantir leur respect sans faille, sans discrimination ni violation. [1]

Lors de la définition d'objectifs diplomatiques liés aux droits de l'homme, ceux-ci doivent découler d'une vision globale et durable visant à réaliser des progrès et des changements positifs dans le domaine des droits de l'homme. Les objectifs doivent directement être liés aux questions mondiales, régionales et locales relatives aux droits de l'homme et refléter les aspirations de la communauté internationale à un monde caractérisé par la justice et les droits de l'homme. [2]

En outre, il est très important que les objectifs soient réalisables et atteignables en partenariat avec les parties prenantes concernées, qu'elles soient internationales ou locales, et qu'ils soient conformes aux lois et normes internationales en matière de droits de l'homme. La définition d'objectifs diplomatiques liés aux droits de l'homme nécessite également une vision claire. Elle nécessite aussi la volonté d'avoir un impact positif et tangible sur la situation des droits de l'homme, que ce soit par des améliorations institutionnelles et juridiques ou par un changement des comportements et des politiques des États et des acteurs. [3]

Ces objectifs doivent être ancrés dans une compréhension approfondie des circonstances humaines, sociales et politiques [4] et tenir compte des cultures et traditions locales, ainsi que des défis propres à chaque société et à chaque pays. En conclusion, la définition d'objectifs diplomatiques liés aux droits de l'homme est une étape cruciale dans le processus de promotion de ces droits par la diplomatie. Nous devons veiller à ce que ces objectifs soient mis en œuvre de manière efficace et durable afin de parvenir au changement souhaité et de contribuer à l'édification d'un monde plus juste et plus humain.

Utiliser les plateformes internationales pour promouvoir les questions relatives aux droits de l'homme

Les plateformes internationales peuvent être des outils efficaces pour promouvoir et mettre en avant les questions relatives aux droits humains au sein de la communauté internationale. Les diplomates et les militants peuvent utiliser des plateformes internationales telles que les Nations unies et les tribunaux internationaux pour influencer l'évolution des droits humains. La présentation de rapports et de déclarations bien documentés sur les violations des droits humains et les mesures correctives nécessaires est le moyen optimal d'exercer une influence.

Les événements internationaux, tels que les conférences et

les sommets, peuvent également être utilisés pour mettre en avant les questions relatives aux droits humains et souligner la nécessité d'une action collective pour apporter des changements. Légitimer et obtenir le soutien international pour les mouvements de défense des droits humains renforce le message et permet de faire pression sur les régimes qui violent ces droits. Il apparaît donc que l'utilisation intelligente et stratégique des plateformes internationales peut avoir un impact significatif sur la réalisation de réformes et l'amélioration des droits humains sur la scène internationale.

Développer des partenariats bilatéraux et multilatéraux

Le développement de partenariats bilatéraux et multilatéraux est l'une des stratégies diplomatiques les plus importantes qui contribuent à la promotion des droits humains au niveau international. Le succès de la diplomatie dans la promotion des droits humains dépend de sa capacité à établir des alliances efficaces et solides avec divers acteurs, qu'ils soient internationaux ou locaux. Les partenariats bilatéraux et multilatéraux reposent sur l'idée d'une coopération pour atteindre des objectifs spécifiques liés à la promotion et à la protection des droits humains. [5]

Ces partenariats peuvent être conclus entre des États, des organisations internationales, des institutions gouvernementales et des organisations non gouvernementales. Le développement de ces partenariats est considéré comme l'une des méthodes de la diplomatie contemporaine qui vise à créer un impact positif et efficace dans le domaine des droits de l'homme. Le développement de partenariats bilatéraux et multilatéraux nécessite la capacité de négocier et de gérer les relations diplomatiques avec sagesse et bonne foi, en mettant l'accent sur les principes de transparence et de respect mutuel.

La réalisation d'objectifs communs nécessite une coopération étroite entre les parties concernées et la recherche de solutions innovantes et durables à des questions complexes en matière de droits de l'homme. Ces partenariats doivent être flexibles et capables de s'adapter aux changements des politiques et des circonstances internationales, ce qui exige de la prudence et de la continuité dans le travail diplomatique. Le développement de partenariats bilatéraux et multilatéraux est un élément essentiel d'une diplomatie moderne et sophistiquée et constitue une réponse efficace aux défis en matière de droits de l'homme à l'ère de la mondialisation et de l'interdépendance internationale.

La négociation comme outil d'amélioration des normes en matière de droits de l'homme

La négociation est un outil efficace pour promouvoir les normes en termes de droits de l'homme et réaliser des progrès dans ce domaine. La négociation diplomatique sur les droits de l'homme exige des compétences de haut niveau en matière de communication et de gestion des conflits. Ainsi, les diplomates cherchent à conclure des accords et à prendre des décisions qui protègent et promeuvent les droits de l'homme. Dans ce contexte, la négociation est un moyen de surmonter les divergences et de trouver des solutions radicales à des questions complexes liées aux droits de l'homme. L'un des aspects les plus importants de la négociation est sa capacité à élargir la participation et la négociation collective sur les questions relatives aux droits de l'homme.

La négociation peut être un moyen efficace d'impliquer différentes parties prenantes dans l'élaboration de politiques et de procédures visant à protéger les droits de l'homme. En outre, la négociation favorise la coopération et le consensus entre les différentes parties en vue de renforcer les valeurs éthiques et humanitaires. Le rôle de la négociation ne se limite pas à la conclusion d'accords et à la prise de décisions, mais s'étend également à la mise en œuvre de ces décisions. Par exemple, la négociation peut être utilisée pour garantir le respect des normes internationales en matière de droits de l'homme et la responsabilité en cas de violations.

Ainsi, la négociation peut constituer un élément essentiel du cadre diplomatique permettant de réaliser des progrès dans le domaine des droits de l'homme. Enfin, les diplomates doivent faire preuve de prudence et de sensibilité lorsqu'ils utilisent la négociation comme un outil pour améliorer les normes en matière de droits de l'homme. Ainsi, l'accent doit être mis sur la protection des personnes vulnérables et la contribution à l'édification d'une communauté internationale qui respecte et promeut les droits de l'homme pour tous sans discrimination.

Action diplomatique en période de crise des droits de l'homme

L'action diplomatique en période de crise des droits de

l'homme est l'un des défis les plus cruciaux auxquels sont confrontés les diplomates spécialisés dans les droits de l'homme. Dans de telles circonstances, des décisions et des mesures immédiates et efficaces sont nécessaires pour protéger et promouvoir les droits de l'homme en jeu. Grâce à une intervention diplomatique décisive et efficace, il est possible d'apporter un soutien et une protection aux personnes touchées, de mettre fin aux violations en cours et de donner l'assurance qu'elles ne se reproduiront pas. L'action diplomatique en période de crise des droits humains repose sur plusieurs principes fondamentaux, notamment la rapidité de la réponse et la détermination à trouver des solutions immédiates. Il est également nécessaire de s'appuyer sur les lois et normes internationales en matière de droits humains comme référence de base. [7].

Les actions diplomatiques doivent être coordonnées et intégrées aux efforts de la communauté internationale et des organisations concernées, en mettant l'accent sur la justice et le soutien nécessaire aux victimes. [8] Le rôle de la diplomatie dans de telles circonstances consiste également à représenter directement et personnellement les questions relatives aux droits de l'homme dans les forums et conférences internationaux. Cela complète la communication diplomatique et l'établissement de ponts pour le dialogue entre les parties en conflit. Le rôle diplomatique consiste aussi à exercer une pression et une influence sur les décideurs et les personnalités influentes afin de garantir la justice et la responsabilité. [9]

Les initiatives diplomatiques en période de crise des droits humains exigent une grande capacité d'analyse et une évaluation optimale de la situation, tout en conservant une certaine souplesse et une capacité d'adaptation à des évolutions rapides. Les plans diplomatiques doivent mûrement être réfléchis et soigneusement étudiés, en mettant l'accent sur l'obtention de résultats positifs et tangibles dans un délai court. [10] La gestion des crises et l'action diplomatique dans de telles situations nécessitent une équipe spécialisée et qualifiée, capable de relever les défis de la crise de manière efficace et efficiente.

Le rôle des médias et de la communication stratégique dans la promotion des droits

Les médias et les réseaux sociaux jouent un rôle essentiel dans la promotion et le soutien des questions relatives aux droits de l'homme au niveau international. Ils ne sont pas seulement un moyen de transmettre des informations, mais également un outil efficace pour sensibiliser et façonner l'opinion publique sur les questions relatives aux droits de l'homme. Les diplomates et les militants des droits de l'homme doivent comprendre l'importance d'utiliser ces outils de manière stratégique et intelligente afin d'obtenir le soutien international et d'avoir un impact efficace.

Les messages véhiculés par les médias et les réseaux sociaux devraient avoir un impact positif sur l'opinion publique et encourager l'action et le changement en faveur de la justice et du respect des droits humains. Les médias et les réseaux sociaux devraient par ailleurs être utilisés pour surveiller les violations des droits humains et documenter les preuves et les témoignages qui soutiennent les efforts diplomatiques et juridiques au sein des communautés internationales.

En outre, le dialogue et l'interaction avec les médias et

les plateformes de communication constituent un élément important de l'établissement de partenariats efficaces avec les organisations médiatiques et le public, qui contribuent à renforcer le soutien et l'influence sur les questions relatives aux droits humains. Malgré l'importance des médias et des réseaux sociaux, les efforts doivent mûrement être réfléchis et coordonnés, notamment par une analyse minutieuse des résultats attendus et une évaluation régulière des stratégies utilisées afin de garantir leur succès et d'obtenir l'impact souhaité.

Éducation et formation : renforcer les compétences diplomatiques

La nécessité de renforcer les compétences diplomatiques dans le domaine des droits de l'homme exige d'accorder une attention particulière au rôle de l'éducation et de la formation. Les diplomates travaillant dans ce domaine doivent avoir une compréhension approfondie des principes des droits de l'homme et de leurs applications pratiques aux niveaux national et international. D'où l'importance et la nécessité de proposer des programmes d'éducation et de formation spécialisés dans le domaine des droits de l'homme et de la diplomatie. Ces programmes doivent être complets et multiniveaux, couvrant à la fois les aspects théoriques et pratiques du travail diplomatique en faveur des droits de l'homme.

Des études sur des questions contemporaines et des cas historiques devraient être incluses afin d'améliorer la compréhension et de développer les compétences nécessaires.

Nous devrions également offrir des possibilités de formation pratique et de participation à des processus diplomatiques réels. [16] Une telle formation est essentielle pour acquérir les compétences et les aptitudes de négociation et de communication nécessaires pour traiter efficacement les questions relatives aux droits de l'homme.

Pour souligner l'importance de cet aspect, les investissements dans l'éducation et la formation reflètent un intérêt sérieux pour la formation d'une génération de diplomates qualifiés pour traiter les défis et les questions liés aux droits de l'homme de manière créative et efficace. Les qualifications et la formation sont deux piliers fondamentaux pour améliorer les capacités des diplomates et leur permettre de jouer un rôle actif dans la promotion et la défense des droits de l'homme sur les scènes internationale et nationale.

Évaluation des stratégies : critères de réussite et d'efficacité

Lors de l'élaboration de stratégies diplomatiques visant à promouvoir les droits de l'homme, il est essentiel d'évaluer leur efficacité. L'évaluation des stratégies joue un rôle crucial pour déterminer si les efforts déployés ont atteint les objectifs souhaités. En raison de la complexité qui peut entourer le domaine des droits de l'homme et de la diplomatie, l'évaluation doit être exhaustive et approfondie. [17]

Cela nous oblige à définir des critères de réussite et d'efficacité avant de nous lancer dans une stratégie. Les critères de réussite peuvent inclure la réalisation d'objectifs spécifiques, tels que l'amélioration de la situation des droits humains dans une région spécifique ou l'obtention d'un soutien international pour une question particulière liée aux droits humains. En outre, nous devons surveiller l'efficacité et l'efficience de l'utilisation des ressources, qu'elles soient financières ou humaines, et déterminer si la stratégie a contribué à maximiser l'utilisation de ces ressources sans gaspillage ni dilapidation.

L'évaluation doit être exhaustive et couvrir divers aspects de la stratégie, y compris une analyse des répercussions sociales, politiques et économiques des efforts déployés. [18] En outre, l'évaluation peut inclure une étude comparative des différentes méthodes utilisées et une analyse de leur efficacité respective. [19] En analysant les données et les informations disponibles, nous pouvons évaluer dans quelle mesure la stratégie a eu un impact positif sur les droits humains. En fin de compte, l'évaluation n'est pas seulement une analyse du passé, mais également un processus d'apprentissage continu visant à améliorer les stratégies futures et à accroître leur efficacité dans la promotion des droits de l'homme.

Vers des stratégies innovantes et durables

Les diplomates et les décideurs doivent être conscients que la promotion des droits de l'homme nécessite des efforts persistants et continus, et que les stratégies adoptées doivent être innovantes et durables pour rester efficaces à long terme. Il est essentiel de réfléchir dans un cadre de justice et d'équité afin de garantir l'égalité et la dignité de tous les êtres humains sans discrimination.

Les stratégies futures doivent tenir compte des différentes cultures et origines des individus et s'appuyer sur la promotion de la coopération et le renforcement des partenariats entre les États, les organisations internationales et la société civile. Le rôle de la technologie et de l'innovation dans la promotion des droits humains doit de plus être considéré, par exemple en tirant parti des réseaux sociaux et des technologies de l'information pour sensibiliser le public et surveiller les violations des droits. Enfin, nous devons garantir la durabilité des nouvelles stratégies en évaluant périodiquement leur succès et leur potentiel à promouvoir les droits et les libertés pour tous.

Références

Efficacité diplomatique

[1] Srivastava (2021) a analysé des archives datant des premières années d'Amnesty International afin de mettre en évidence la manière dont les organisations non gouvernementales collaborent avec les gouvernements pour atteindre leurs objectifs en matière de droits humains.

Srivastava, S. « Navigating NGO-Government Relations in Human Rights: New Archival Evidence from Amnesty International, 1961-1986 » (Naviguer dans les relations entre les ONG et les gouvernements en matière de droits humains : nouvelles preuves issues des archives d'Amnesty International, 1961-1986). International Studies Quarterly, 2021.

[2] I. Salama, « Human Rights Diplomacy From A UN Perspective : A Complement To Advocacy » (La diplomatie des droits humains du point de vue des Nations unies : un complément à la défense des droits humains). (2011) : 129-154. https://doi.org/10.1163/ej.9789004195165.i-301.49.

[3] La diplomatie chinoise en matière de droits de l'homme comprend plusieurs éléments. Notamment, elle intègre le

principe de souveraineté dans l'arène multilatérale, le dialogue, la négociation, le marchandage et les incitations économiques dans les canaux bilatéraux, ainsi que des politiques adaptées et flexibles sur des questions spécifiques.

Yuchao Zhu. « La Chine et la diplomatie internationale en matière de droits de l'homme ». China: An International Journal, 9 (2011) : 217-245. https://doi.org/10.1142/S0219747211000148.

[4] Se concentrer sur les normes universelles concernant les droits de l'homme et encourager le dialogue entre les entreprises peuvent être des méthodes diplomatiques efficaces pour promouvoir les droits de l'homme, comme au Japon.

Ryan Ashley et Elliot Silverberg. « Japan's Human Rights Diplomacy : A Convergence of Geopolitical and Geoeconomic Interests » (La diplomatie japonaise en matière de droits de l'homme : une convergence des intérêts géopolitiques et géoéconomiques). Asia Policy, 29 (2022) : 125-154. https://doi.org/10.1353/asp.2022.0031.

[5] Altafin et al. (2017) ont examiné la stratégie globale de l'UE en matière de politique étrangère et de sécurité. Ils ont discuté de la manière dont elle vise à développer des partenariats et une cohérence dans la promotion des droits humains à l'extérieur. Altafin, Chiara, Veronika Haász et Karolina Podstawa. « La nouvelle stratégie mondiale pour la politique étrangère et de sécurité de l'UE à l'heure des crises des droits de l'homme ». Netherlands Quarterly of Human Rights 35 (2017) : 122-43.

[6] La diplomatie des droits de l'homme joue un rôle important dans la transformation de pays tels que l'Afrique du Sud, qui sont passés de régimes répressifs à ceux respectueux des droits de l'homme. Voir :

Naeli Fitria. « Exploring the Impact of Human Rights on

Diplomatic Relations : A Comparative Analysis of State Interactions » (Explorer l'impact des droits de l'homme sur les relations diplomatiques : une analyse comparative des interactions entre États). COMSERVA : Jurnal Penelitian dan Pengabdian Masyarakat (2023). https://doi.org/10.59141/comserva.v3i1.755.

[7] Bogatyreva (2022) a étudié la diplomatie humanitaire en Amérique latine, en se concentrant sur les réponses régionales aux crises des droits humains et à la protection des groupes vulnérables.

Bogatyreva, O. « Humanitarian Diplomacy and Human Rights in Latin America. Regional and Civilizational Specifics » (Diplomatie humanitaire et droits humains en Amérique latine. Spécificités régionales et civilisationnelles). Latinskaia Amerika, 2022.

[8] Thuzar (2023) a analysé les réponses diplomatiques de l'Association des nations de l'Asie du Sud-Est aux crises des droits humains au Myanmar, illustrant l'approche régionale pour lutter contre les violations flagrantes de ceux-ci.

Thuzar, M., « Myanmar and the Responsibility to Protect: Principles, Precedents, and Practicalities » (Le Myanmar et la responsabilité de protéger : principes, précédents et aspects pratiques). Journal of International Peacekeeping, 2023.

[9] Zhu, Y. (2011). Source citée.

[10] Anupama Ghosal et Sreeja Pal. (2020) : source citée.

[11] Nike et Dunan (2023) ont étudié le climat de communication organisationnelle du Bureau de soutien à la promotion des droits de l'homme pendant la pandémie de COVID-19 et ont constaté que des politiques organisationnelles appropriées en matière de gestion de la communication peuvent stimuler la productivité des employés.

Nike, De et Amri Dunan. « Climat de communication organisationnelle du Bureau de soutien à la promotion des droits de l'homme pendant la pandémie de covid-19 ». Jurnal Spektrum Komunikasi, 2023.

[12] Yustitia et al. (2023) ont étudié comment le cadrage médiatique des questions relatives aux droits de l'homme en Indonésie est utilisé pour clarifier la situation. L'étude a révélé que les cadres des droits de l'homme sont restés stagnants de 2009 à 2019, avec une capacité limitée à mobiliser d'autres systèmes pour s'engager dans les questions relatives aux droits de l'homme.

Yustitia, Senja, Nunung Prajarto et Budi Irawanto. « Irritabilité des médias : exploration des questions relatives aux droits de l'homme en Indonésie de 2009 à 2019 ». Jurnal Komunikasi : Malaysian Journal of Communication, 2023.

[13] Jassim (2023) a analysé le rôle des réseaux sociaux dans la promotion des droits culturels, considérant que ceux-ci contribuent de manière significative à celle des premiers grâce à l'ouverture, l'interaction et la communication culturelle entre différents peuples.

Jassim Raqib Muhammad. 2023. « The Role of Social Media in Promoting Cultural Rights » (Le rôle des réseaux sociaux dans la promotion des droits culturels). Al-Kitab Journal for Human Sciences 4 (6):233-56. https://doi.org/10.32441/kjhs.4.6.13.

[14] Koo (2023) a analysé les facteurs influençant la perception des droits de l'homme par les chefs d'établissement scolaire à travers la formation à l'éducation aux droits de l'homme, soulignant la nécessité d'une formation pour améliorer les compétences et la flexibilité dans le traitement des questions relatives à ceux-ci.

Koo, Jeong-Hwa. « Analyse des facteurs de formation à l'éducation aux droits humains influençant la perception des droits humains par les directeurs d'école ». Institut d'éducation et de recherche de l'université nationale d'éducation de Gyeongin, 2023.

[15] Soto et al. (2023) ont examiné des propositions de formation des enseignants et des établissements d'enseignement afin de contribuer à la réalisation du droit humain à l'éducation, soulignant la nécessité d'une approche de l'éducation fondée sur les droits humains.

Soto, Idana Beroska Rincon, Betty Janeth Soledispa Cañarte, P. S. Soledispa Cañarte, Julián Steve Guzmán Rodríguez et Nayibe Soraya Sanchez Leon. « Contribution à l'exercice du droit humain à l'éducation : propositions de formation pour les enseignants, les établissements d'enseignement et les enseignants ». Salud, Ciencia y Tecnología, 2023.

[16] Puhach (2023) a mené une analyse définitive des concepts clés de la formation professionnelle des futurs défenseurs des droits humains dans les établissements d'enseignement supérieur, soulignant l'importance de développer leurs compétences professionnelles.

Puhach, Vitalina. « Analyse définitive des concepts clés de la formation professionnelle des futurs défenseurs des droits humains dans les établissements d'enseignement supérieur ». Pédagogie de la santé et de la sécurité, 2023.

[17] Machain (2023) a cherché à savoir si la formation militaire américaine était efficace pour promouvoir le respect des droits humains dans les pays bénéficiaires et a constaté que la formation axée sur ceux-ci n'entraînait des améliorations que dans des cas très limités.

Machain, C. « École d'influence : les défis des droits de l'homme dans la formation militaire étrangère américaine ». Gestion des conflits et science de la paix 41 (2023) : 3-25.

[18] Strezhnev et al. (2021) ont examiné les affirmations

concernant les effets négatifs des efforts de promotion des droits de l'homme, ont proposé des méthodes pour évaluer ces arguments et ont trouvé des preuves faibles pour les contre-arguments avancés dans des études précédentes.

Strezhnev, Anton, J. Kelley et B. Simmons. « Testing for Negative Spillovers : Is Promoting Human Rights Really Part of the 'Problem' ? » International Organization 75 (2021) : 71-102.

[19] Luongo (2023) a analysé la manière dont les États utilisent des stratégies de désengagement moral pour justifier les violations des droits humains, soulignant la nécessité de comprendre ces mécanismes afin de tenir les États responsables et de prévenir les violations.

Luongo, Ben. « Human Rights Violations, Moral Emotions, and Moral Disengagement : How States Use Moral Disengagement to Justify Their Human Rights Abuses » (Violations des droits humains, émotions éthiques et désengagement moral : comment les États utilisent celui-ci pour justifier leurs violations des droits humains). Journal of Human Rights Practice, 2023.

11
Technologie et droits humains
Opportunités futures pour faire progresser les droits

La relation entre technologie et droits humains

La relation entre technologie et droits humains est un sujet fascinant qui mérite une réflexion approfondie et un débat continu. Aujourd'hui, nous sommes à l'aube d'une révolution numérique massive qui transforme radicalement la manière dont les humains interagissent avec la technologie et dont celle-ci affecte nos vies et nos droits. La relation entre technologie et droits humains remonte à l'Antiquité, lorsque les innovations technologiques influençaient la capacité des individus à exercer leurs droits et libertés. Au Moyen Âge, une révolution des technologies agricoles et industrielles a connu un essor considérable, entraînant un changement significatif dans la structure de la société et, par conséquent, un impact profond sur les droits humains et la manière dont ils étaient exercés.

D'autre part, la quatrième révolution industrielle, également appelée révolution industrielle numérique, a entraîné des changements considérables dans la capacité de la technologie à absorber et à analyser rapidement et précisément de grandes quantités de données. Cette évolution soulève de nombreuses questions sur la manière dont ces technologies avancées affectent les droits humains et sur la possibilité qu'elles conduisent à la promotion ou à la restriction de ces droits.

Un examen des théories fondamentales reliant la technologie et les droits de l'homme révèle de nombreuses tendances et écoles de pensée philosophiques différentes qui tentent de comprendre cette relation complexe. En étudiant ces théories et ces développements historiques, nous pouvons brosser un tableau complet de cette relation et identifier les défis et les opportunités qu'elle présente.

La révolution numérique et son impact sur les droits de l'homme

À l'heure actuelle, nous assistons à une formidable révolution numérique dans divers aspects de la vie, et nous avons constaté les effets de cette révolution sur la vie des individus et des sociétés d'une manière qui n'était pas prévue auparavant. La technologie numérique a profondément transformé la manière dont les êtres humains interagissent avec leur environnement et entre eux. Ces évolutions ont entraîné à la fois des défis et des opportunités dans le domaine des droits de l'homme. Dans cette perspective, il est important d'étudier de manière détaillée et exhaustive l'impact de la révolution numérique sur les droits de l'homme. [2]

L'impact de la révolution numérique s'étend à un large éventail de questions relatives aux droits de l'homme. Nous pouvons tout d'abord nous intéresser aux droits à la vie privée et aux libertés individuelles. La technologie numérique a entraîné des défis significatifs en termes de protection des données des individus et de confidentialité de leurs informations personnelles. [3] Nous devons examiner comment la technologie peut être utilisée pour préserver la vie privée des individus et renforcer la protection de leurs droits dans ce contexte. [4] En outre, nous pouvons également discuter de la manière dont la technologie peut être utilisée pour soutenir les droits de l'homme et lutter contre l'injustice et l'oppression.

Par exemple, les réseaux sociaux et Internet peuvent être utilisés pour sensibiliser le public aux questions relatives aux droits de l'homme et documenter les violations, augmentant ainsi la pression internationale pour y mettre fin. La technologie peut également autonomiser les groupes marginalisés, leur permettant de participer à la prise de décision et de faire valoir leurs droits. Il est donc important d'étudier en détail comment les droits de l'homme peuvent être promus grâce à une utilisation optimale de la technologie numérique, ainsi que la manière de relever les défis que celle-ci pose aux droits fondamentaux de l'homme.

Outils technologiques modernes pour surveiller et faire respecter les droits de l'homme

Les technologies modernes ont donné naissance à de nombreux outils technologiques pour surveiller et faire respecter les droits de l'homme. Des recherches et des rapports indiquent que ces outils présentent à la fois des aspects positifs et négatifs, et nécessitent une évaluation minutieuse de leur impact sur la société et les droits de l'homme. Ces outils technologiques comprennent les systèmes de surveillance et de contrôle en ligne, la reconnaissance faciale automatique, l'analyse des mégadonnées, etc.

La généralisation croissante des systèmes de surveillance et de contrôle en ligne peut contribuer à améliorer la sécurité publique, mais elle peut également constituer une menace pour les droits individuels des citoyens. Faut-il sacrifier le droit à la vie privée au profit de la sécurité ? Cette question nécessite un débat approfondi et objectif. La reconnaissance faciale automatique peut améliorer la sécurité et confirmer l'identité, mais elle soulève également des préoccupations en matière de vie privée et de discrimination.

En outre, l'analyse des mégadonnées peut contribuer à une meilleure compréhension des besoins et des défis auxquels sont confrontées les communautés. Cependant, il convient de faire preuve de prudence afin d'éviter toute utilisation abusive et toute violation de la vie privée des individus. Les décideurs et la communauté internationale doivent collaborer de manière efficace afin d'élaborer un cadre réglementaire et des lois qui garantissent une utilisation responsable de ces outils et protègent les droits de l'homme. L'histoire démontre que la technologie n'est qu'un outil et que son influence ultime dépend de son application. Nous devons donc nous efforcer d'orienter la technologie vers la promotion des droits et des libertés dans les communautés du monde entier.

L'intelligence artificielle et son rôle dans la défense des droits de l'homme

Les progrès de l'intelligence artificielle sont l'un des domaines les plus influents de notre vie au XXIe siècle, et ces influences commencent à se manifester dans le contexte des questions relatives aux droits de l'homme. L'intelligence artificielle est un outil efficace pour soutenir et promouvoir les droits de l'homme de diverses manières. Elle peut être utilisée pour détecter les violations des droits de l'homme en analysant et en comprenant les mégadonnées afin d'identifier les schémas de violations et d'orienter les efforts vers leur prévention.

En outre, les technologies d'intelligence artificielle peuvent être utilisées pour développer des systèmes d'alerte précoce afin de prévoir les violations des droits et de prendre les mesures appropriées. Il convient de noter que l'IA peut également être un pilier fondamental pour parvenir à la solidarité et à la justice sociales. Ainsi, elle peut être utilisée pour analyser des données afin d'orienter les politiques publiques et les programmes sociaux vers les groupes dans le besoin. [10]

Toutefois, il est important de mettre en garde contre les défis qui peuvent découler de l'utilisation de l'intelligence artificielle pour les questions relatives aux droits humains, tels que la vie privée et l'utilisation négative des technologies à des fins de contrôle et de répression. Les efforts devraient être orientés vers l'élaboration d'un cadre juridique et éthique strict qui réglemente l'utilisation de l'intelligence artificielle dans le contexte des droits humains et garantit que la technologie est au service de l'humanité en général.

Les défis de la confidentialité des données à l'ère de l'information

À l'ère moderne de l'information, nous sommes confrontés à des défis importants en matière de confidentialité des données. Les données sont devenues un élément essentiel de la vie des individus et des organisations, et nous devons faire preuve d'une extrême prudence quant à la manière dont elles sont collectées et utilisées. Les données personnelles doivent être protégées de manière stricte et efficace afin de garantir leur confidentialité et leur intégrité.

L'un des principaux défis réside dans l'ampleur croissante de la collecte et de l'utilisation des données sans le consentement explicite des personnes concernées. Ces situations peuvent entraîner une violation de la vie privée et de la confiance entre les individus et les organisations. Les fuites de données et les cyberattaques comptent également parmi les menaces les plus graves pour la confidentialité des données à l'ère numérique.

De tels incidents peuvent conduire à l'exploitation illégale de données à caractère personnel et causer un préjudice important aux personnes et aux organisations. En outre, le développement des technologies de reconnaissance faciale et de suivi électronique peut entraîner une violation de la vie privée des personnes et porter atteinte à ce droit. Ces défis nécessitent des mesures strictes pour protéger la confidentialité des données, notamment une législation efficace et des systèmes réglementaires rigoureux. [12]

Il est également nécessaire d'éduquer les individus sur l'importance de la protection de leurs données personnelles et de les sensibiliser aux risques potentiels. Les entreprises et les gouvernements devraient être responsables de la mise en œuvre de mesures strictes en matière de sécurité et de confidentialité afin de protéger les données. Trouver un équilibre entre l'utilisation des données pour réaliser des progrès technologiques et la garantie de la protection de la vie privée est un défi majeur qui nécessite une vision globale et des efforts conjoints de toutes les parties concernées.

Internet est un espace de liberté et d'échange d'idées

Internet est un élément clé pour promouvoir la liberté d'expression et l'échange d'idées dans nos sociétés actuelles. Il offre aux individus un moyen de communiquer et d'interagir sans frontières géographiques ou culturelles. Grâce à Internet, les individus peuvent exprimer leurs points de vue et leurs opinions presque librement et sans restriction, favorisant ainsi la diversité intellectuelle et la démocratie virtuelle. Grâce aux réseaux sociaux et aux blogs personnels, les individus peuvent contribuer au dialogue public et aux discussions sur la politique et la culture, ainsi que partager leurs expériences et leurs connaissances.

Cependant, parallèlement à ces avantages, des défis liés aux droits de l'homme et à la liberté d'expression sur Internet ont également vu le jour. De nombreux pays connaissent des restrictions Internet et une censure gouvernementale stricte, ce qui peut conduire à la suppression de la liberté d'expression et au rétrécissement de l'espace virtuel. Ce n'est pas seulement le rôle des gouvernements ; les entreprises technologiques sont également confrontées à des défis en matière de confidentialité et de contrôle du contenu.

Il est donc important d'éduquer les citoyens sur leurs droits numériques et de promouvoir le dialogue sur l'importance de protéger la liberté d'expression et la vie privée en ligne. De cette manière, Internet peut rester un espace ouvert à la liberté, à l'expression et à l'échange d'idées, contribuant ainsi à la promotion des droits humains et à la construction de sociétés plus interactives et empathiques.

La technologie et la promotion des droits des groupes marginalisés

Les technologies modernes offrent des outils puissants pour promouvoir les droits des groupes marginalisés dans la société. Grâce à la technologie, l'accès aux services de base, tels que l'éducation, les soins de santé et les opportunités d'emploi, peut être élargi aux personnes ayant des besoins particuliers et aux communautés défavorisées. La technologie peut être utilisée pour fournir des plateformes d'apprentissage à distance et des ressources éducatives gratuites pour tous, contribuant ainsi à réduire les inégalités éducatives entre les différentes classes sociales. En outre, la technologie peut être utilisée pour développer des solutions innovantes aux problèmes sociétaux tels que les pénuries alimentaires et hydriques, et pour améliorer les conditions de vie dans les régions reculées.

Sur le plan économique, la technologie peut contribuer à promouvoir les opportunités d'emploi pour les groupes marginalisés en créant de nouveaux métiers dans les domaines de la technologie et de l'innovation. Cependant, il convient de rester vigilant face à l'émergence de nouvelles fractures numériques qui pourraient exacerber les inégalités d'accès à la technologie et à ses avantages entre les classes sociales.

Il est urgent de veiller à ce que les technologies de l'information et de la communication soient inclusives et accessibles à tous, sans discrimination ni préjugés. Nous devons également veiller à ce que l'intelligence artificielle et les technologies de reconnaissance faciale ne contribuent pas à la discrimination et aux violations des droits humains à l'encontre des groupes marginalisés. Les politiques relatives à l'utilisation de la technologie doivent viser à promouvoir l'égalité, la justice et la durabilité sociale. En fin de compte, les technologies de l'information et de la communication peuvent être une force positive pour soutenir les droits des groupes marginalisés si elles sont utilisées correctement et de manière responsable. Les responsables politiques et les décideurs doivent s'engager à agir pour que cette technologie serve les intérêts de tous sans exception et promeuve la justice et les droits humains pour tous.

Robots et droits humains : défis éthiques et juridiques

Les technologies de pointe et l'utilisation de l'intelligence artificielle dans la robotique comptent parmi les avancées technologiques les plus importantes susceptibles de poser de nouveaux défis éthiques et juridiques en matière de droits humains. Dans ce contexte, l'utilisation de robots dans des domaines tels que les soins de santé et le travail industriel soulève d'énormes questions concernant la sûreté, la sécurité et la protection des droits humains. [17]

Nous devons considérer les robots à la fois comme des machines de pointe, et comme une proposition éthique et juridique. Quels sont les droits des robots et quelles sont leurs responsabilités ? Les robots doivent-ils être soumis à des lois qui garantissent la protection des droits fondamentaux et de la dignité humaine ? D'autre part, l'utilisation des robots dans la société soulève des défis éthiques concernant la question de la responsabilité et de la sensibilité sociale. [18]

Compte tenu des décisions que les robots peuvent prendre, devons-nous nous préoccuper de leur impact sur la vie et les droits des êtres humains ? Comment pouvons-nous garantir que les interactions entre les êtres humains et les robots soient fondées sur les valeurs de justice et de droits ? Compte tenu de ces défis, nous devons élaborer un cadre juridique et éthique qui garantisse une protection adéquate des droits de l'homme face aux progrès technologiques. La réflexion sur les robots et leurs applications nécessite un débat large et approfondi impliquant des experts en droit, en éthique et en technologie. Celui-ci vise à élaborer des politiques et des lignes directrices qui favorisent l'utilisation des robots d'une manière qui concilie progrès technologique et droits de l'homme.

Exemples d'utilisation de la technologie pour protéger les droits

Les technologies de l'information et de la communication (TIC) constituent un outil puissant pour promouvoir et protéger les droits de l'homme dans le monde entier. Il existe de nombreux exemples illustrant comment cette technologie peut être utilisée pour soutenir les principes fondamentaux des droits de l'homme. Les technologies d'intelligence artificielle, par exemple, peuvent surveiller et analyser les données de santé dans les applications médicales et sanitaires afin d'améliorer les traitements et les résultats en matière de soins de santé. Dans le domaine de la protection de la liberté d'expression, les médias sociaux offrent aux individus la possibilité d'exprimer leurs opinions et de s'organiser en faveur de leurs droits et libertés.

En outre, certaines applications technologiques offrent des modèles efficaces pour surveiller le respect des droits humains et lutter contre les persécutions et les violations. Par exemple, l'utilisation généralisée de caméras de surveillance et de technologies de suivi dans les opérations humanitaires peut grandement contribuer à recueillir des preuves et à surveiller les violations. Dans le contexte juridique, la technologie fournit des outils qui améliorent l'accès à la justice et permettent aux individus de déposer des plaintes et des documents juridiques de manière aisée et efficace. Ces modèles mondiaux reflètent les énormes possibilités qu'offre la technologie dans le domaine de la protection des droits et les transformations positives qu'elle peut apporter dans le traitement des questions relatives aux droits humains à travers le monde.

Prochaines étapes pour intégrer la technologie aux droits humains

Avec la diffusion de la technologie et son développement continu, il est nécessaire d'élaborer des plans d'avenir pour intégrer ces technologies dans le soutien et la protection des droits humains. Nous devons d'abord réfléchir à la manière de tirer parti des technologies modernes pour développer des mécanismes de surveillance et d'évaluation des droits humains. L'analyse des mégadonnées et les technologies d'intelligence artificielle peuvent être utilisées pour mieux comprendre les tendances et les schémas associés aux violations des droits humains et pour élaborer des stratégies efficaces pour y remédier. En outre, les systèmes d'information géographique et les technologies de télédétection peuvent être intégrés pour surveiller les zones dans lesquelles des violations sont susceptibles de se produire et intervenir en temps utile pour les prévenir.

Cependant, nous devons faire preuve de prudence et reconnaître que cette utilisation comporte des risques, tels que les violations de la vie privée et l'utilisation abusive des données. En même temps, il est également important de souligner le rôle de la technologie dans la promotion de la communication et la diffusion des connaissances sur les droits de l'homme. Les réseaux sociaux et diverses plateformes numériques peuvent être utilisés comme outils pour informer les personnes sur leurs droits et les sensibiliser à l'importance du respect des droits humains et de la réduction des violations. En outre, nous pouvons développer des applications mobiles et des plateformes interactives qui offrent des informations et des ressources facilement accessibles liées aux droits humains.

En outre, les mesures futures doivent également se concentrer sur un cadre juridique qui garantisse la protection de la vie privée et des données personnelles dans le contexte de l'intégration de la technologie dans les droits de l'homme. Il convient d'élaborer des lois et des politiques qui définissent l'utilisation autorisée des données et établissent des contrôles stricts pour prévenir les abus et les violations de la vie privée.

En outre, des mécanismes de contrôle et de surveillance efficaces devraient être mis en place pour surveiller l'utilisation de la technologie et garantir qu'elle est utilisée conformément aux principes des droits de l'homme. En fin de compte, nous devons reconnaître que l'intégration de la technologie dans les droits de l'homme nécessite un équilibre entre l'exploitation des avantages potentiels de cette technologie pour protéger les droits et lutter contre les violations, et la prise en compte des défis et des risques potentiels associés là-bas. Les mesures futures doivent donc être fondées sur l'éthique et les principes fondamentaux des droits de l'homme afin de garantir que la technologie est utilisée de manière responsable et efficace pour soutenir les droits de l'homme.

Références

Technologie et droits humains

[1] Kanetake (2018) a examiné les contrôles à l'exportation de l'Union européenne sur les technologies de surveillance électronique et leurs implications pour les approches en matière de droits humains.

Kanetake, M., « The EU's Export Control of Cyber Surveillance Technology: Human Rights Approaches » (Contrôle à l'exportation des technologies de cybersurveillance par l'UE : approches en matière de droits humains). Business and Human Rights Journal, 2018.

[2] Heller (2023) a exploré la manière dont les technologies immersives telles que la réalité virtuelle et la réalité augmentée redéfinissent les considérations relatives aux droits humains.

Heller, Brittan. « Reimagining Reality : Human Rights and Immersive Technology » (Réinventer la réalité : droits humains et technologies immersives). Social Science Research Network, 2023.

[3] Shehu et Shehu (2023) analysent la protection des droits relatifs aux données à l'ère de la technologie, en explorant l'intersection entre les droits humains et ceux relatifs aux données à l'ère numérique.

Shehu, Vlona Pollozhani et Visar Shehu. « Les droits humains à l'ère de la technologie – Protection des droits relatifs aux données ». European Journal of Economics, Law and Social Sciences 7 (2023) : 1-10.

[4] Kathuria et al. (2023) ont examiné la création des droits de l'homme dans la technologie grâce à l'intelligence artificielle, proposant une méthodologie pour intégrer la protection des droits de l'homme dans les technologies numériques.

Kathuria, Samta, Poonam Rawat, Rajesh Singh, Anita Gehlot, Namrata Kathuria et Shweta Pandey. « Intelligence artificielle : création des droits de l'homme dans la technologie ». Dans Artificial Intelligence and Symbolic Computation, 328-31, 2023.

[5] Whitty (2010) a examiné comment la photographie militaire et la technologie numérique ont influencé la documentation des droits de l'homme dans le contexte des abus commis sur les détenus en Irak.

Whitty, N. « Photographies prises par des soldats des mauvais traitements infligés aux détenus en Irak : technologie numérique, droits de l'homme et mort de Baha Mousa ». Human Rights Law Review 10 (2010) : 689-714.

[6] Humphreys, S. « Navigating the Dataverse : Privacy, Technology, Human Rights » (Naviguer dans le dataverse : vie privée, technologie, droits de l'homme), 2011.

[7] Gregory (2023) a examiné les stratégies de défense des droits de l'homme à l'ère des deepfakes et de l'IA générative, en mettant l'accent sur la manière de « fortifier la vérité »

dans les environnements numériques.

Gregory, Sam. « Fortify the Truth : How to Defend Human Rights in an Age of Deepfakes and Generative AI ». (Fortifier la vérité : comment défendre les droits de l'homme à l'ère des deepfakes et de l'IA générative). Journal of Human Rights Practice, 2023.

[8] Land, Molly K. et J. D. Aronson. « Human Rights and Technology : New Challenges for Justice and Accountability » (Droits de l'homme et technologie : nouveaux défis pour la justice et la responsabilité). Annual Review of Law and Social Science, 2020.

[9] Fernández-Aller et al. (2021) ont proposé une stratégie globale et durable en matière d'IA pour l'Europe, fondée sur les principes des droits de l'homme.

Fernández-Aller, Celia, Arturo Fernández Velasco, Ángeles Manjarrés, D. Pastor-Escuredo, S. Pickin, Jesús Salgado Criado et T. Ausín. « Une stratégie inclusive et durable en matière d'intelligence artificielle pour l'Europe fondée sur les droits de l'homme ». IEEE Technology & Society Magazine 40 (2021) : 46-54.

[10] Soh et Connolly (2020) ont exploré l'impact de la quatrième révolution industrielle, y compris l'intelligence artificielle, sur les entreprises et les droits de l'homme, définissant de nouvelles frontières en matière de profits et de risques.

Soh, Changrok et Daniel Connolly. « New Frontiers of Profit and Risk: The Fourth Industrial Revolution's Impact on Business and Human Rights » (Nouvelles frontières en matière de profits et de risques : l'impact de la quatrième révolution industrielle sur les entreprises et les droits de l'homme). New Political Economy 26 (2020) : 168-85.

[11] Sekalala et al. (2020) ont analysé l'impact du renforce-

ment de la surveillance numérique de la santé publique sur les droits humains pendant la crise du COVID-19, en examinant les défis posés aux droits à la vie privée par les nouvelles technologies de surveillance.

Sekalala, S., Stéphanie Dagron, L. Forman et B. Meier. « Analysing the Human Rights Impact of Increased Digital Public Health Surveillance during the COVID-19 Crisis » (Analyse de l'impact sur les droits humains du renforcement de la surveillance numérique de la santé publique pendant la crise du COVID-19). Health and Human Rights: An International Journal 22 (2020) : 7-20.

[12] Bwana (2024) a examiné la révolution de l'identité numérique au Kenya, en analysant l'équilibre entre le progrès technologique et les droits humains, y compris les défis liés à la confidentialité des données.

Bwana, Ronald Odhiambo. « La révolution de l'identité numérique au Kenya : trouver l'équilibre entre progrès et droits humains ». Global Privacy Law Review, 2024.

[13] Gregory (2023) a discuté des stratégies de défense des droits humains à l'ère des deepfakes et de l'IA générative, en se concentrant sur la manière de « fortifier la vérité » dans les environnements numériques.

Gregory, Sam. « Fortify the Truth : How to Defend Human Rights in an Age of Deepfakes and Generative AI ». (Renforcer la vérité : comment défendre les droits humains à l'ère des deepfakes et de l'IA générative). Journal of Human Rights Practice, 2023.

[14] Burri (2023) a examiné l'intersection entre le droit commercial numérique et les droits humains, y compris les implications pour la liberté d'expression en ligne.

Burri, Mira. « Digital Trade Law and Human Rights » (Droit commercial numérique et droits humains). AJIL Unbound 117

(2023) : 110-15.

[15] Nnamdi et al. (2023) ont évalué l'impact de l'intelligence artificielle sur les droits sociaux et économiques, en se concentrant sur l'automatisation et la perte d'emplois, qui peuvent affecter de manière disproportionnée les groupes marginalisés.

Nnamdi, Nmesoma, Babafemi Zacchaeus Ogunlade et B. Abegunde. « An Evaluation of the Impact of Artificial Intelligence on Socio-Economic Human Rights : A Discourse on Automation and Job Loss » (Évaluation de l'impact de l'intelligence artificielle sur les droits socio-économiques de l'homme : discours sur l'automatisation et la perte d'emplois). Scholars International Journal of Law, Crime and Justice, 2023.

[16] Molnár (2019) a examiné l'intelligence artificielle et la gestion mondiale des migrations du point de vue des droits humains, en discutant de la manière dont la technologie affecte les populations migrantes marginalisées.

Molnár, P. « Technology on the Margins : AI and Global Migration Management from a Human Rights Perspective ». Springer International Publishing 8 (2019) : 305-30.

[17] Chyhryna, Halyna. « Permissibility of Using Artificial Intelligence in Law Enforcement Activities » (Admissibilité de l'utilisation de l'intelligence artificielle dans les activités répressives). Actual Problems of Innovative Economy and Law, 2024.

[18] Kruby et Shenin (2023) ont analysé la manière dont les droits des personnes handicapées prévus par la Convention s'appliquent aux processus décisionnels dans le domaine de l'intelligence artificielle, en abordant les défis éthiques et juridiques posés par celle-ci et la robotique.

Krupiy, T., et M. Scheinin. « La discrimination fondée sur

le handicap dans le domaine numérique : comment la Convention relative aux droits des personnes handicapées s'applique aux processus décisionnels liés à l'intelligence artificielle et aide à déterminer l'état du droit international des droits de l'homme ». Human Rights Law Review, 2023.

12
Conclusion
Vers une diplomatie fondée sur la prise de conscience et la responsabilité

Examen de la diplomatie et des droits de l'homme

Il est essentiel de passer en revue l'évolution historique de la diplomatie et des droits de l'homme pour comprendre le contexte dans lequel nous nous trouvons aujourd'hui.

La diplomatie est apparue comme concept dans l'Antiquité, lorsque les royaumes envoyaient des émissaires pour négocier avec d'autres royaumes et résoudre des différends. On peut considérer que les premiers véritables échanges diplomatiques ont eu lieu sous la monarchie, lorsque les institutions étatiques étaient utilisées pour réguler les relations avec les voisins et les étrangers. Le concept des droits de l'homme remonte aux débuts de l'histoire humaine et se traduisait par des tentatives visant à limiter le pouvoir du gouvernement et à protéger les individus contre les abus et les injustices. Au fil du temps, la diplomatie a subi des transformations radicales, devenant plus professionnelle et plus complexe, fondée sur des règles approfondies. Dans ce contexte, les concepts des droits de l'homme ont évolué pour inclure un large éventail de droits et de libertés dont les individus devraient jouir en tant qu'êtres humains.

Il est devenu essentiel et nécessaire de fournir des moyens de protection et des garanties pour ces droits afin que la diplomatie puisse jouer un rôle actif dans la préservation de la dignité humaine et la stabilité des sociétés. L'évolution de la diplomatie et des droits de l'homme joue un rôle crucial dans le cours de l'histoire humaine et met en évidence l'influence des circonstances sociales et politiques sur ces concepts. En comprenant cette évolution, nous pouvons envisager les tendances futures de la diplomatie et des droits de l'homme et confier à la nouvelle génération la responsabilité de s'appuyer sur ces expériences et ces connaissances.

Les leçons de l'histoire et leurs applications contemporaines

L'étude de l'histoire diplomatique et de l'évolution des droits de l'homme à travers les âges nous apporte des enseignements précieux qui peuvent nous aider à comprendre les défis actuels et à mettre en place une diplomatie plus efficace. En analysant les expériences passées, nous pouvons tirer de nombreux enseignements utiles et les appliquer au contexte actuel. L'histoire montre comment la dynamique de la diplomatie a évolué au fil du temps et comment elle a été influencée par les développements politiques, sociaux et technologiques.

L'une des leçons les plus cruciales que nous pouvons tirer est la reconnaissance croissante de la nécessité d'intégrer les droits de l'homme dans toutes les activités diplomatiques. Cela nous permet de comprendre l'importance de reconnaître la dimension humaine de l'élaboration des politiques et de la prise de décision. L'histoire nous montre également comment la solidarité internationale et la coopération mutuelle peuvent conduire à l'amélioration des droits de l'homme et à la promotion du bien commun.

En outre, l'étude de l'histoire peut nous montrer les erreurs commises dans le domaine de la diplomatie des droits de l'homme dans le passé et comment elles peuvent être évitées à l'avenir. L'analyse de l'histoire peut également mettre en évidence des modèles diplomatiques efficaces qui peuvent servir d'exemples pour transformer la diplomatie moderne. Dans le contexte actuel, la diplomatie doit être fondée sur la prise de conscience et la responsabilité, ce que nous pouvons réaliser en tirant les leçons de l'histoire et en les appliquant aux défis actuels. Ces leçons et ces applications sont essentielles pour construire un monde plus humain et plus juste.

Principaux défis auxquels est confrontée la diplomatie des droits de l'homme

Dans le contexte des développements contemporains, la diplomatie des droits de l'homme est confrontée à de nombreux défis qui nécessitent une réflexion approfondie et une préparation minutieuse. L'un des défis les plus importants est l'augmentation des divisions politiques et culturelles dans les sociétés mondiales, qui affecte la capacité des diplomates à conclure des accords internationaux favorisant les droits de l'homme. En outre, l'époque actuelle a vu une augmentation des défis en matière de sécurité et de terrorisme, ce qui complique pour les diplomates de trouver un équilibre entre le maintien de la sécurité et le respect des droits de l'homme.

Dans ce contexte, les diplomates doivent rechercher des solutions globales et équilibrées pour surmonter ces défis sécuritaires et politiques, tout en garantissant une vision diplomatique claire qui promeut les droits de l'homme. D'autre part, il y a le défi posé par l'évolution rapide des technologies et son impact sur les droits de l'homme. Les technologies modernes ouvrent de nouvelles portes aux violations de la vie privée et aux menaces pour la sécurité, qui nécessitent une réponse diplomatique efficace.

Néanmoins, les diplomates doivent s'efforcer d'exploiter les possibilités offertes par la technologie pour promouvoir les droits de l'homme, la transparence et la responsabilité. Les défis économiques et sociaux qui affectent la stabilité des droits de l'homme ne peuvent être ignorés et nécessitent des solutions diplomatiques qui tiennent compte des aspects économiques et sociaux. En étudiant attentivement ces défis, les diplomates peuvent élaborer des stratégies intégrées pour relever les défis de la promotion des droits de l'homme à l'ère moderne.

La relation entre la technologie et la promotion des droits de l'homme

La technologie fait partie intégrante de notre vie quotidienne et a entraîné des transformations radicales dans tous les domaines, y compris celui des droits de l'homme. Si elle a offert des possibilités de soutenir les droits de l'homme, elle a également créé de nouveaux défis et problèmes qui doivent être considérés et traités. L'un des effets de la technologie sur les droits de l'homme est qu'elle facilite l'accès à l'information et à la communication. Cela permet en particulier aux individus d'exprimer leurs opinions et de revendiquer davantage leurs droits par le biais des réseaux sociaux et d'autres plateformes numériques. Cependant, nous devons faire preuve de prudence, car la technologie peut accroître les inégalités et favoriser les violations des droits de l'homme si elle n'est pas utilisée correctement.

La technologie a évolué dans de multiples directions, notamment l'intelligence artificielle, l'analyse optique, le suivi des données et le cryptage, ouvrant la voie à des utilisations nouvelles et innovantes pour promouvoir et protéger les droits de l'homme. Cependant, nous devons également reconnaître les défis potentiels associés à la technologie, tels que les cyberattaques, l'espionnage de données et les violations de la vie privée, qui peuvent avoir un impact négatif sur les droits de l'homme. Cela nécessite une compréhension approfondie de la technologie et la capacité de suivre le rythme des évolutions et de comprendre leur impact potentiel sur les droits de l'homme.

Les diplomates et les décideurs doivent également assumer la responsabilité d'élaborer des politiques réglementaires et législatives qui garantissent que la technologie est utilisée pour promouvoir et protéger les droits humains sans compromettre les libertés fondamentales et la vie privée. D'où l'importance d'adopter une approche globale et équilibrée qui combine technologie et droits humains afin de parvenir à un développement durable et inclusif dans les sociétés.

Le rôle de la sensibilisation et de l'éducation dans la mise en place d'une diplomatie responsable

La sensibilisation et l'éducation jouent un rôle prépondérant dans l'instauration d'une diplomatie responsable en matière de droits de l'homme. Le monde est confronté à de sérieux défis dans le domaine des droits de l'homme, qui résultent d'un manque de sensibilisation et d'éducation sur ces questions et leur impact au niveau diplomatique. La sensibilisation de la communauté joue un rôle crucial dans le soutien et le renforcement des efforts diplomatiques en faveur des droits de l'homme.

La sensibilisation à l'importance des droits de l'homme et à la nécessité de les respecter doit être encouragée par l'éducation et la sensibilisation, tant dans les écoles que dans les cercles sociaux et médiatiques. De même, une éducation efficace peut doter les jeunes des valeurs et des connaissances qui leur permettront d'adopter des positions diplomatiques éclairées et efficaces sur les questions relatives aux droits de l'homme.

La communauté internationale devrait intensifier ses efforts pour élaborer et mettre en œuvre des programmes de sensibilisation et d'éducation ciblant différents segments de la société. Ce faisant, elle pourrait mieux faire prendre conscience de l'importance des droits de l'homme et du rôle de la diplomatie dans leur promotion. Nous devrions également créer des occasions d'échanger des expériences et des idées entre différents pays et communautés. L'objectif serait de renforcer la coopération internationale dans ce domaine et de mettre en place une diplomatie responsable qui cherche à promouvoir les droits de l'homme aux niveaux national et mondial.

L'importance de la coopération internationale dans l'établissement de normes en matière de droits de l'homme

La coopération internationale est l'un des piliers fondamentaux et indispensables à l'établissement de normes en matière de droits de l'homme à l'échelle mondiale. La coopération et la coordination entre les pays permettent d'apporter des changements radicaux dans la protection et la promotion des droits de l'homme. Les pays doivent collaborer pour élaborer des normes internationales solides qui préservent et soutiennent les droits de l'homme partout dans le monde. Le soutien mutuel entre les pays et la coopération dans l'élaboration de politiques et de programmes en matière de droits de l'homme constituent un moyen efficace de garantir des progrès dans ce domaine.

En outre, la coopération internationale peut contribuer à

sensibiliser et à éduquer le public aux droits de l'homme, favorisant ainsi l'engagement universel en faveur de ces droits. Les États doivent également continuer à coopérer en apportant leur soutien et leur assistance aux pays, aux régions et aux communautés qui rencontrent des difficultés pour faire respecter les droits de l'homme, par le biais de programmes humanitaires, de développement et d'éducation.

La coopération internationale est nécessaire pour relever les défis mondiaux qui menacent les droits de l'homme, tels que la pauvreté, les conflits armés, les déplacements forcés et le changement climatique. Seule une coopération globale et sincère entre les États permettra de trouver des solutions durables qui garantissent le respect et la promotion des droits de l'homme pour tous, sans exception.

Stratégies visant à obtenir le soutien du public et des responsables politiques en faveur des droits de l'homme

Parmi les éléments essentiels à la promotion et à la consolidation des droits humains dans la société figure la stratégie visant à obtenir le soutien du public et des responsables politiques. L'influence positive que l'opinion publique et les forces politiques peuvent exercer en faveur de ces droits peut faire une différence significative dans la réalisation de progrès. Ce sujet mérite un examen attentif et une réflexion approfondie, car le succès de la diplomatie dans ce domaine dépend de méthodes et de stratégies bien pensées. Il est important de reconnaître l'importance de nouer des alliances avec des forces politiques influentes dans différentes sociétés.

Par conséquent, il est essentiel d'étudier et de comprendre les tendances, les priorités et les intérêts liés aux droits de l'homme afin d'identifier les opportunités et de définir des plans stratégiques. Il est également nécessaire de présenter une vision convaincante et d'essayer de construire des arguments solides qui clarifient les avantages réels du soutien aux droits de l'homme et de leur ancrage dans les idéologies politiques et sociales. Cela peut contribuer à attirer le soutien du public et des responsables politiques et à motiver les forces favorables à prendre des mesures efficaces. Une communication efficace et claire avec toutes les parties prenantes contribue également à établir une compréhension commune et à parvenir à un consensus sur des objectifs partagés.

Des efforts doivent également être déployés pour renforcer la capacité des forces politiques et publiques à comprendre, soutenir et réaliser les droits de l'homme. Pour atteindre ces objectifs, une formation, une sensibilisation et un soutien financier sont nécessaires de toute urgence. En outre, des données, des preuves et des rapports précis et fiables doivent être fournis afin de mettre en évidence les lacunes et les défis auxquels est confrontée la promotion des droits de l'homme et d'inciter les États et les institutions à adopter des politiques et des mesures efficaces pour y remédier. Enfin, il est essentiel d'encourager la participation communautaire et de sensibiliser à l'importance du soutien et de l'engagement politiques publics et de l'engagement, car ce soutien durable est la clé pour parvenir à un changement positif et durable.

Analyser les modèles diplomatiques efficaces et développer une perspective tournée vers l'avenir

Compte tenu de l'évolution de la situation internationale et de la complexité croissante des questions relatives aux droits de l'homme, les diplomates doivent analyser de manière exhaustive les modèles diplomatiques efficaces et mettre en évidence leurs perspectives. Les défis auxquels est confrontée la communauté internationale exigent des diplomates qu'ils élaborent de nouvelles stratégies en phase avec les changements du monde moderne. L'analyse diplomatique doit s'appuyer sur une étude approfondie des différents modèles pouvant contribuer à la réalisation des objectifs en matière de droits de l'homme. La diplomatie culturelle, qui vise à établir des liens entre les valeurs et les civilisations afin de favoriser la compréhension et la coopération entre les peuples, constitue un modèle important de diplomatie efficace. Il convient d'étudier les détails de ce modèle, de tirer les enseignements de son expérience et de les appliquer dans la réalité.

La diplomatie économique doit également être analysée, et il convient d'évaluer comment les droits de l'homme peuvent bénéficier de la coopération commerciale et économique entre les pays. La diplomatie environnementale est également un modèle important à surveiller et à analyser pour son impact sur les droits de l'homme, en particulier à la lumière des défis environnementaux croissants. En outre, la diplomatie numérique doit être examinée et son efficacité dans la réalisation des objectifs humanitaires à l'ère des technologies de l'information doit être garantie. Une perspective prospective sur ces modèles doit également être fournie en anticipant les tendances émergentes dans le monde complexe de la diplomatie.

L'analyse diplomatique doit être axée sur les défis émergents, tels que l'impact des transformations économiques, sociales et environnementales sur les droits de l'homme. D'une manière générale, cette analyse prospective devrait inclure les implications du progrès technologique et ses répercussions sociales et politiques sur le domaine du travail diplomatique. Se concentrer sur l'avenir facilite la planification stratégique et fournit aux diplomates les outils et les techniques nécessaires pour faire face aux circonstances futures.

Priorités diplomatiques pour les décennies à venir

Notre époque exige une réflexion stratégique approfondie sur le rôle de la diplomatie dans la promotion et la protection des droits de l'homme lors des prochaines décennies. L'établissement de principes fondamentaux en matière de droits de l'homme nécessite des priorités claires et spécifiques qui se reflètent dans les politiques et les actions diplomatiques. Parmi ces priorités, les questions de diversité et d'inclusion doivent revêtir une importance capitale. La diplomatie doit œuvrer à la promotion de l'égalité et à la lutte contre toutes les formes de discrimination, tant au sein des États qu'entre eux, par la sensibilisation et l'élaboration de politiques appropriées. Une attention particulière doit également être accordée aux questions environnementales et de développement, qui sont devenues d'une importance capitale en raison des défis environnementaux et économiques mondiaux.

La diplomatie doit soutenir les efforts visant à gérer les ressources naturelles de manière durable et à relever les défis posés par le changement climatique et la dégradation de l'environnement. En outre, des stratégies devraient également être élaborées pour relever les défis économiques et sociaux qui affectent les droits de l'homme, tels que la pauvreté et la marginalisation sociale. Il est également nécessaire de se concentrer sur la promotion des libertés individuelles et de la participation communautaire afin que ces priorités fondamentales de la diplomatie soient représentées dans les décennies à venir.

La diplomatie devrait également s'efforcer de promouvoir le dialogue entre les cultures et les religions et de favoriser les valeurs de respect mutuel et de compréhension transfrontalière. L'action diplomatique nécessite d'aborder de manière globale et holistique les défis multiples et changeants du XXIe siècle et de présenter une vision intégrée pour promouvoir les droits de l'homme et parvenir à une paix globale et durable.

Créer une nouvelle vision : vers la durabilité et l'inclusivité dans la diplomatie des droits de l'homme

Pour parvenir à la durabilité et à l'inclusivité dans la diplomatie des droits de l'homme, il est nécessaire de prendre des mesures sérieuses pour changer les mentalités et les pratiques. Cette nouvelle vision doit être fondée sur une compréhension approfondie des défis contemporains auxquels sont confrontés les droits de l'homme et sur un engagement en faveur de l'application globale des normes et principes relatifs aux droits de l'homme. Les diplomates spécialisés dans le domaine des droits de l'homme doivent s'efforcer d'établir une coopération et des partenariats internationaux sur une base solide de confiance et de respect mutuel. Ils y parviendront en mettant l'accent sur la durabilité et en garantissant la pleine participation de tous les groupes à l'élaboration des politiques et à la prise de décisions.

Promouvoir la durabilité et l'inclusivité des droits de l'homme nécessite de concentrer les efforts sur la réalisation d'un développement durable qui garantisse la justice sociale et les services de base pour tous les individus sans discrimination. Le rôle de la société civile et des institutions démocratiques dans ce domaine doit également être activé, notamment en favorisant la transparence et la responsabilité et en renforçant le dialogue entre les citoyens et les gouvernements.

L'accent devrait également être mis sur la promotion de l'égalité et la lutte contre la discrimination dans tous les aspects de la vie sociale et juridique. La réalisation de cette nouvelle vision pour l'avenir est un défi pour tous et nécessite des efforts conjoints et un engagement global de la part de tous les acteurs politiques et sociaux. En créant une nouvelle vision de la diplomatie des droits de l'homme, nous pouvons construire un monde plus juste et plus humain, où ceux de chacun sont garantis sans exception.

www.ingramcontent.com/pod-product-compliance
Lightning Source LLC
Chambersburg PA
CBHW051538020426
42333CB00016B/1992